Daniela Tausch

Sterbenden nahe sein

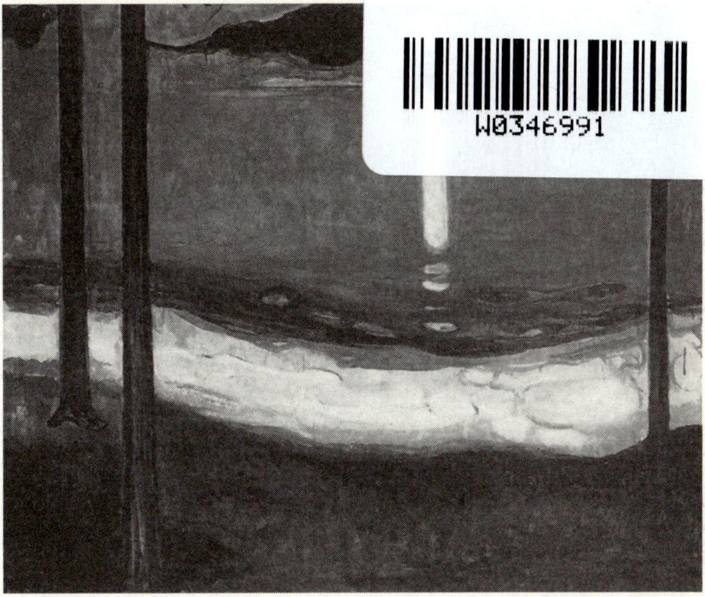

HERDER spektrum

Band 5496

Das Buch

Welche Erfahrungen machen Menschen, die Sterbende begleiten? Was können wir tun, wenn eigentlich nichts mehr zu „tun“ ist? Daniela Tausch, eine erfahrene Psychologin, selbst lange Jahre in der Begleitung Sterbender an führender Stelle in der Hospiz-Bewegung tätig, erzählt von ganz konkreten Fällen. Sie hat auf Erfahrungen gehört, die Menschen gemacht haben, die mit dem Sterben konfrontiert waren, hat die Berichte gesammelt und behutsam kommentiert. Im Umgang mit Sterbenden sind wir sehr hilflos – trotz oder vielleicht auch gerade wegen der innigen Gefühle, die uns mit ihnen verbinden. Dieses Buch zeigt, was Sterbende brauchen, was uns tatsächlich hilft, gemeinsam den letzten Weg zu gehen und auf eine gute, menschliche, liebevolle und würdige Art Abschied zu nehmen – voneinander und von diesem Leben.

„Ein ‚Muss‘ für alle Hospizlerinnen und Hospizler“, schreibt das Nachrichtenmagazin der Hospizbewegung über dieses Buch.

Die Autorin

Dr. Daniela Tausch, Diplompsychologin, Initiatorin und bis Mai 1997 Leiterin des Hospiz-Dienstes *„Begleitung Sterbender und ihrer Angehörigen“* in Stuttgart. Bei Herder: „Wenn Kinder nach dem Sterben fragen – Ein Begleitbuch für Kinder, Eltern und Erzieher“ (mit Lis Bickel). „Wenn ein Mensch gestorben ist – Wie gehen wir mit dem Toten um?“ (mit Lis Bickel); „Spiritualität der Sterbebegleitung“ Hg. mit Lis Bickel.

Daniela Tausch

Sterbenden nahe sein

Was können wir noch tun?

HERDER

FREIBURG · BASEL · WIEN

Originalausgabe Verlag Herder, Freiburg 1993

Gedruckt auf umweltfreundlichem,
chlorfrei gebleichtem Papier

Gekürzte und aktualisierte Neuausgabe Verlag Herder 2004
www.herder.de
Satz: Dtp-Satzservice Peter Huber, Freiburg
Herstellung: fgb · freiburger graphische betriebe 2004
www.fgb.de
Bildmotiv auf dem Schmutztitel: © The Munch Museum/
The Munch Ellingsen Group/VG Bild-Kunst, Bonn 2004
Umschlaggestaltung und Konzeption:
R·M·E München/Roland Eschlbeck, Liana Tuchel
Umschlagmotiv: © Mauritius
ISBN 3-451-05496-5

Inhalt

An den Leser

Sie zögern vielleicht noch, dieses Buch zu lesen – da ist vielleicht die Unsicherheit und die Frage in Ihnen: Wird es nicht zu belastend und schmerzlich für mich? Wird es mich nicht zu traurig machen?

Wenn ein von uns geliebter Mensch von einer lebensbedrohlichen Krankheit betroffen ist und wir wissen, dass er bald sterben wird, oder wenn wir erfahren, dass unsere eigene Lebenszeit nur noch sehr begrenzt ist, haben wir zunächst den Wunsch zu fliehen, wollen es nicht wahrhaben. Wir versuchen, die Gedanken hieran zu verdrängen, so als ob wir dadurch das Geschehen verhindern könnten.

Ich habe jedoch für mich persönlich, aber auch in der Begleitung sterbender Menschen und ihrer Angehörigen immer wieder die Erfahrung gemacht, dass wir Kraft erhalten, wenn wir uns an unsere Angst und unseren Schmerz schrittweise herantasten, etwa in Gesprächen oder im Lesen von Büchern. Indem wir uns den belastenden Gefühlen stellen, wird es uns möglich, die innere Dunkelheit und die Verzweiflung zu durchschreiten.

Es ist für mich immer wieder erstaunlich, wie viel Kraft uns in diesen schwierigen Situationen zuwächst, wie wir handeln und dasein können, in einer Weise, die wir uns nie von uns selber hätten vorstellen können. Wir wachsen in diesen Zeiten gleichsam über uns selbst hinaus.

In diesem Buch beschreiben Menschen ihre Erfahrungen, die sie in der Begleitung Sterbender machten. Die Erfahrungsberichte sind zum größten Teil von den Freiwilligen Helfern des Hospiz-Dienstes in Stuttgart. Der Hospiz-Dienst möchte Menschen in der Zeit des Sterbens und der Trauer begleiten (s. Anhang). Einige wenige Texte beschreiben das Sterben des eigenen Angehörigen.

Die Begleitungen sind sehr unterschiedlich, weil der Weg des Sterbens von jedem anders beschritten wird. Es gibt kein „richtiges“ oder „falsches“ Sterben. Es geht viel mehr darum, dass wir dem Anderen helfen, sein ganz eigenes Sterben zu leben. Gerade die Vielfältigkeit der Begleitungen kann uns ermutigen, den Sterbenden nicht in Theorien einordnen und verändern zu wollen, sondern mit offenem Herz hinzuhören, welchen Weg er gehen will.

Mit den im Buch beschriebenen Begleitungen möchten wir nicht etwas darstellen oder zur Schau stellen, sondern es war uns wichtig, den verstorbenen Menschen, sein Leben und den gemeinsamen Lebensabschnitt nachmals zu würdigen. Für manche von uns war es beim Schreiben so, als ob der Verstorbene ganz nah sei, gleichsam eine nochmalige Begegnung mit ihm.

Mit diesen Gedanken möchte ich Sie ermutigen, sich auf die Begleitungen einzulassen, vielleicht können sie beim Lesen auch für Sie zu Begegnungen werden.

Sie werden selbst spüren, wie viel Sie auf einmal lesen möchten.

Vielleicht haben Sie auch schon nach dem Lesen einer Erfahrung das Bedürfnis, das Buch erst mal beiseite zu legen und das Gelesene in sich nachklingen zu lassen. Die kleinen Zeichen am Ende der Texte können ihnen helfen, nach den einzelnen Begegnungen einen Moment inne zu halten und nachzuspüren, was die jeweiligen Menschen in Ihnen angesprochen haben.

Das Kapitel *Gedanken zur Begleitung* möchte Ihnen einige Impulse und Hinweise für die Begleitung geben.

Ich will vom Tod nichts wissen

Es gibt Menschen, sterbende Menschen, die vom Tod nichts wissen wollen, sie kämpfen manchmal bis zum Schluss gegen die immer weiterschreitende Erkrankung an. Auch wenn sie um die Schwere ihrer Erkrankung wissen, hoffen und planen sie weit in die Zukunft hinein, so als wenn sie nicht krank wären.

Das kann für uns, als Helfer, zuweilen schwierig sein: Sollen wir dem Anderen die Hoffnung nehmen? Sollen wir mitplanen, auch wenn wir selber nicht an die Gesundung glauben? Welches Recht haben wir, die Hoffnung zu nehmen? Manchmal zweifeln wir an unseren Fähigkeiten, mit dem Anderen zur so genannten Wahrheit vorzustoßen, tiefgehende Gespräche zu führen und ihm dadurch zu helfen, die Realität anzuerkennen und sich mit seinem Sterben auseinander zu setzen. Wir fühlen uns verunsichert, und es fällt uns schwer, dem Sterbenden in seinen Gedanken, die so anders sind als die unsrigen, zu folgen. Diese innere Entfernung schmerzt uns.

Es ist wichtig, dem Anderen zunächst in seine Gedankenwelt zu folgen, ohne ihn verändern zu wollen, ohne ihn zur „Wahrheit" bringen zu wollen. Wenn er sich gehört und verstanden fühlt, kann ich, wenn ich denke, dass es hilfreich ist, meine Gedanken äußern, wie ich es erlebe, welche Gedanken und Hoffnungen ich habe. Ich kann ihn damit vielleicht zu einem weiteren Gespräch einladen, wenn er es will. Oder ich kann behutsam nachfragen, ob er wirklich an seine Hoffnungen glaubt oder ob da manchmal auch Zweifel sind. Bei diesen Angeboten ist es wichtig, dass wir respektieren, wenn er nicht auf das Gespräch eingeht.

Ich habe für mich folgendes Bild: Ich reiche dem Anderen die Hand, indem ich ihm ein Zeichen gebe, dass ich bereit bin, über sein mögliches Sterben zu sprechen, aber er entscheidet, ob und wann er diese Hand erreifen möchte, ob er sich auf das Gespräch einlassen möchte oder nicht. Wichtig ist für mich, dem Anderen immer wieder ein Zeichen meiner Bereitschaft zu geben, ohne Erwartung und ohne Enttäuschung, wenn er dieses Angebot nicht annimmt.

Nicht immer muss das mögliche Sterben angesprochen werden. Oftmals gibt es auch ein gemeinsames Wissen, im guten miteinander schweigen, wo die Wahrheit in der Stille gelebt wird. Manchmal wird das Wissen um den baldigen Tod in symbolischer Sprache angedeutet. Bilder werden uns zu Wegweisern in eine andere Dimension.

Vielleicht geht es hier oft weniger um das Sagen als darum, die Zeichen des Anderen sensibel wahrzunehmen, ohne in Vorstellungen gefangen zu sein und den Anderen in seinem So-Sein zu achten.

Er hoffte und plante

Die Begleitung, über die ich berichten möchte, verlief über anderthalb Jahre. Der Mann war vierundsechzig Jahre alt, krebskrank und galt als „austherapiert“; das heißt, er konnte wegen einiger Komplikationen nicht mehr operiert werden.

Er hatte darauf bestanden, aus dem Krankenhaus entlassen zu werden, obgleich sich seine Frau, die durch ein schmerzhaftes Bandscheibenleiden behindert ist, sehr ängstigte und sich fragte, ob sie den Belastungen einer häuslichen Betreuung gewachsen sei.

Sie stand vor dem Problem, keinen Hausarzt in der Nachbarschaft zu haben, der ihren Mann hätte betreuen können. Aber sie fand einen Arzt, der diesen aus ärztlicher Sicht „hoffnungslosen Fall“ übernahm und auch bereit war, Hausbesuche zu machen. Sie hatte außerdem ein Krankenbett und einen Nachtstuhl besorgt. Sie hatte die Zusage der Diakoniestation erwirkt, dass eine Schwester zur täglichen Pflege ins Haus kommen sollte, die auch Spritzen verabreichen würde. Und schließlich wartete sie auf den Besuch einer Hospiz-Begleiterin, die ihr zum allgemeinen seelischen Beistand angekündigt war.

Ich war bereit und entschlossen, mich ganz auf die Situation und das Lebensgefühl des Kranken einzulassen. So kam ich ins Haus und glaubte, völlig offen zu sein! Dennoch stellte ich sehr schnell fest, dass ich voreingenommen war. Ich glaubte natürlich zu wissen oder hatte bestimmte Vorstellungen, welches „Lebensgefühl" ein so schwerkranker Mann haben würde.

Ich war der Meinung,
... dass wir nun tiefgehende Gespräche führen würden,
... dass Ängste zu bewältigen wären,
... dass wir Vorstellungen über Sterben und Tod, vielleicht auch religiöse Fragen, besprechen würden.

Doch da musste ich ganz schnell umdenken! Ich begriff – staunend zwar – aber auch voller Bewunderung, dass ich hier einen Menschen vor mir hatte, der sich nicht mit der Bedrohung durch seine Krankheit auseinander setzen wollte. Er hoffte vielmehr aufs Gesundwerden. Er plante, möglichst bald wieder sein Rentnerdasein aufzunehmen. Er träumte davon, selber wieder Auto zu fahren, und er malte sich Reisen und kleinere Ausflüge aus.

So absurd diese Gedankengänge, gemessen an dem Befund, manchmal erschienen, so erlebte ich doch einen Menschen, der von Tag zu Tag aufblühte, weil er einfach subjektiv glücklich war.

Er war zu Hause!

Das bedeutete für ihn, dass man ihm seine alltäglichen Wünsche viel besser erfüllen konnte als im Krankenhaus. Zum Beispiel kochte ihm seine Frau alles, was er nur wünschte, und das war wichtig für ihn, denn er war ein großer Genießer. Auch auf seine Beschwernisse konnte man rund um die Uhr ganz individuell eingehen.

Wie passte nun ich in sein Weltbild hinein, wie begegnete er mir? *Ohne jeden Vorbehalt!* Er schien zwar zu wissen, dass vom Hospiz Sterbende betreut werden, aber was ging das ihn an? Für ihn war ich eine Stütze für seine Frau und mithin ein Rädchen in dem Getriebe, das ihm insgesamt ermöglichte, zu Hause zu sein.

Da ich seinen Hoffnungen niemals düstere Gedanken entgegensetzte, mochte er mich einfach, und ich glaube, er freute sich auf meine Besuche. Jedenfalls strahlte er eine große Herzlichkeit aus, wenn ich kam.

Ich versuchte, dem Lebensmut des Kranken so viel Raum wie möglich zu geben, und wenn er uns in seinem Optimismus und in seinem unbändigen Lebenswillen manchmal drängte, ihm doch einen Spaziergang oder eine Ausfahrt zu ermöglichen, so ermutigte ich die Ehefrau dazu. Rückblickend freuen wir uns, dass wir ihm einige Erfolgserlebnisse schenken konnten.

Später, als er immer schlechter laufen konnte, kam ein Rollstuhl ins Haus, und ich erinnere mich, wie glücklich er war über ein paar Minuten im Garten, als er die Sonnenstrahlen und ein bisschen Wind in sich hineinnahm, als ob dies Hoffnung auf den Frühling, Hoffnung auf Leben sei.

Zu Anfang meiner Begleitung kam ich fast täglich ins Haus. Doch bald hatte sich alles so eingespielt, dass ich auch etwas seltener kommen konnte, das heißt, ich kam nur noch zweimal in der Woche und blieb dann zwei bis drei Stunden. Meistens war es so, dass der Kranke aufgestanden war, dass wir eine Weile zu dritt am Kaffeetisch saßen, bis er sich wieder auf die Couch legen musste wegen seiner Schwäche, und dass wir uns über dies und das unterhielten. Wir haben auch viel miteinander gelacht.

Über einen so langen Zeitraum gibt es nicht nur Sternstunden und geistig-seelische Höhenflüge. So kommt viel Alltägliches ins Spiel. Aber vielleicht war es gerade das, was meiner Anwesenheit am Sterbebett eine solche Natürlichkeit und Selbstverständlichkeit gab. So hatte über behutsam entstehende ‚Vertrautheit' nach und nach wirkliches Vertrauen wachsen können.

Das Vertrauen, das sich zwischen mir, dem Kranken und der Ehefrau aufgebaut hat, war umso tragfähiger, als es in der langen Zeit seines Sterbens auch kleinere Krisen und Unsicherheiten nicht ausklammerte und damit die ganze Palette des menschlichen Miteinander umschloss.

Ich hatte z. B. ein Problem mit mir selbst gehabt. Zeitweise schien es, als ob sich der Zustand des Mannes tatsächlich zum Guten wenden könnte. In uns keimte gegen alle Vernunft so etwas wie Hoffnung auf das viel beschworene Wunder. Das war eine Zeit, in der ich selbst begann, den Gedanken an den Tod zu verdrängen. Ich empfand fast wie eine Angehörige und hatte Furcht, wenn mir das Sterben dieses Mannes in den Sinn kam!

In dieser Zeit brauchte ich dringend die Supervision. Durch sie und die Konfrontation mit der Realität des Sterbens bei einer anderen Nachtwache, zu der ich eingesetzt war, konnte ich mich von meiner eigenen Befangenheit wieder befreien.

Es ergab sich noch ein weiteres Problem in dieser Zeit. Der Patient wollte niemals ein „wirkliches Gespräch“, auch dann nicht, als es begann ihm schlechter zu gehen. Er hatte anscheinend, oder auch nur scheinbar, seelisch nichts zu verarbeiten, dass er den Austausch darüber gesucht hätte. Und so sehr ich dies auch respektierte, so bekam ich doch Zweifel, ob meine Anwesenheit überhaupt sinnvoll und hilfreich war. Ich fürchtete, indem ich mich so völlig auf den Plauderton einließ, gar nichts beizutragen zur wirklichen Bewältigung seiner Probleme.

Doch ich habe von diesem Mann etwas gelernt und ganz tief begriffen, was mir sicher auch für mein weiteres Leben helfen wird, und zwar: Ob jemand Probleme hat oder nicht, dafür gibt es keine objektiven Kriterien. Es ist eine ganz persönliche Entscheidung!

Ich meine das so: Dieser Mann hatte viele Schwierigkeiten, und er hätte also auch nach menschlichem Eremessen viele Probleme haben müssen. Doch er hatte sie nicht, jedenfalls nicht so, dass sie zu einer Aussprache drängten. Ich konnte das nur schwer begreifen, und so versuchte ich immer wieder, ihn in ein Gespräch hineinzulocken. Doch er widerstand meinen „Verlockungen“, er wich aus ... Das musste ich einfach akzeptieren.

Doch dann, plötzlich, veränderte sich etwas: Vom Patienten kamen Signale, die uns zeigten, dass er sich nunmehr innerlich ganz anders mit seinem Schicksal auseinander setzte, als es äußerlich den Anschein hatte.

Er wendete sich gedanklich sehr stark seiner Vergangenheit zu. Er ließ zum Beispiel in der Weihnachtszeit, was in zweiundvierzig Jahren seiner Ehe nie geschehen war, die Spielzeugeisenbahn aus seinen Kindertagen aus dem Keller heraufholen. Dann fragte er einmal, warum ihn seine Mutter nie besuche. Diese Frage stellte er, obgleich seine Mutter in Wirklichkeit schon vor vielen Jahren gestorben war.

Einmal hatte er auf sein Hochzeitsbild, das über seinem Bett hing, gedeutet und zu mir gesagt: „Dies sind meine Eltern." Und schließlich ein paar Tage vor seinem Tod, fragte er, ob sein schwarzer Anzug noch in Ordnung sei. Dies war für mich ein kaum noch verschlüsselter Hinweis, dass er sich sehr wohl mit seinem Ende beschäftigte, obgleich er den Tod auch jetzt nie wörtlich ansprach.

Ein ganz konkretes Zeichen für das Einverstandensein mit dem Ende schien mir die Tatsache, dass Tabletten, die er angeblich eingenommen hatte, unter seinem Bett lagen. Das war etwa drei Wochen vor seinem Tod. Ich empfand diese Verweigerung als eine Art heimlicher Weichenstellung, die er vornahm.

Für mich war dies ein erschütterndes Signal. Ich fragte mich: wie einsam muss ein Mensch sein, wie eingesperrt in seine eigene Sprachlosigkeit, wenn er keinen anderen Ausweg aus der ihn umgebenden Fürsorge und wohlmeinenden Liebe weiß, als diesen Weg der heimlichen Verweigerung.

Ich sprach darüber mit der Ehefrau, denn ich glaubte, dass dies der Zeitpunkt sei, an dem wir von mancher Illusion Abschied nehmen mussten, an dem wir alle mehr Ehrlichkeit brauchten. Das heißt nicht, dass wir von diesem Augenblick an grausame Wahrheiten deutlich ansprachen! Das wäre nicht richtig gewesen, da das Sprechen über das Ende von ihm immer noch nicht gewollt war.

Notwendig war, dass *wir* umdachten! Jetzt war gefordert, stillschweigend auf die neuen Bedürfnisse des Kranken einzugehen und sensibel zu werden für die Hilferufe hinter all der Sprachlosigkeit. Ich hatte den Eindruck, gerade dieses Verstandenwerden ohne sprechen zu müssen war für den Kranken sehr wohltuend. Es gab so einen „Raum der Stille" zwischen uns, in dem sich Verständigung über einen Blick, einen Druck der Hand vollzog oder überhaupt nur durch ein Hören nach innen ...

Es war eine ganz wunderbare Erfahrung, auch für mich, dass so etwas möglich ist.

Die Ehefrau wuchs in dieser Zeit in ihrer mutigen Liebe über sich hinaus. Sie hörte auf zu sagen: „du musst deine Tabletten nehmen ... du musst essen ... du musst dies oder das!"

Ich fragte sie: „Was muss ein Sterbender noch, wenn er sich vom Leben abgewendet hat?“ Er muss nichts mehr, außer dem einen: Seinen Weg zu Ende gehen, sich lösen, die verbleibenden Kräfte darauf konzentrieren, die letzte Strecke zu bewältigen. Und wir? Wenn wir ihn wirklich lieben, können wir ihm jetzt nur noch helfen, indem wir ihm die Ruhe lassen, die er braucht, um seinen Weg ungestört zu gehen, indem wir ihn nicht mehr mit aller Gewalt festhalten, indem wir ihm dennoch unsere mitfühlende Nähe schenken und ihm zeigen, dass auch wir akzeptiert haben, was nun geschieht. Es ist sehr schwer für einen Nahestehenden, all das unwidersprochen mitzutragen. Ich habe selten einen Menschen so bewundert wie diese Frau.

Es war für sie immer wieder qualvoll, den Zweifel zu ertragen, ob es denn richtig sei, ihn nicht mehr ins Krankenhaus zu bringen, so wie sie es ihm versprochen hatte. Vielleicht hätte man dort durch lebensverlängernde Maßnahmen dem Tod noch ein paar Tage abringen können? So lag auf der einen Seite der Waagschale ihr Schuldgefühl bei einem möglichen Wortbruch, und auf der anderen die Verantwortung für ein paar Tage mehr oder weniger Leben.

Ich fand die Gelegenheit, den Sterbenden in einem klaren Augenblick zu bitten, seiner Frau zu helfen, indem er ihr, und sei es auch nur durch ein Kopfnicken, verstehen zu geben, dass auch er sich seiner Lage voll bewusst war und damit diese Entscheidung nicht ihr allein überlassen war. Beide wussten nun, worum es ging. Es ist sicherlich auch für die Witwe heute gut zu wissen, dass sie sich in diesem Punkt ganz im Einvernehmen mit ihrem Mann befand.

In der Beziehung der beiden Eheleute hatte dieses wundervolle Einvernehmen eine Veränderung bedeutet. Sie trugen nunmehr ohne Täuschung das Unvermeidbare gemeinsam. In dieser Zeit waren sie sehr zärtlich und sanft zueinander. Sie hatten auch Momente der Zwiesprache. Sie haben sich gegenseitig für vieles danken und auch um Verzeihung bitten können. Es war auch eine Zeit, in der sie viel miteinander gebetet haben.

Er war voller Vertrauen. Er schlief beruhigt ein, wenn er eine Hand halten konnte. Seine Frau richtete ihr Tun auf eine fast mütterliche Art auf die Linderung seiner Schmerzen. Und wenn die

Leiden auch schlimm waren, so gab es doch auch immer wieder Kleinigkeiten, die Glücksgefühle auslösten und ein Lächeln auf das schon so vom Tode gezeichnete Gesicht zauberten. Es stimmt einfach nicht, dass dieser Lebensabschnitt keinen Raum mehr für Freude bietet.

Die Ehefrau brauchte in den letzten Tagen kaum noch Schlaf. Sie war fast rund um die Uhr anwesend und sagte immer wieder: „Schlafen kann ich noch lang!" Ich selbst war für sie, neben meinen nun fast täglichen Besuchen auch jederzeit telefonisch da, sodass eine enge Verbundenheit entstand, die auch jetzt noch, in der Zeit der Trauer, besteht.

Am Morgen des Todestages kam es noch zu einer schwierigen Situation. Der behandelnde Arzt, der auch längst schon zu einer wichtigen Bezugsperson geworden war, musste selber ins Krankenhaus eingeliefert werden. Die verzweifelte Suche nach einer Vertretung führte schließlich zum Ziel. Doch die Stunden vorher, die Stunden der Ungewissheit und der heftigen Unruhe ihres sterbenden Mannes, der eine schmerzlindernde Injektion gebraucht hätte, – hier war die Frau allein. Auch ich war nicht da.

Ich nahm das ziemlich schwer. Doch vielleicht liegt ein wenig Trost darin, dass ich glauben kann: Auch das ist ein Stückchen Schicksal, ihres wie meines!

Sie rief mich an, unmittelbar nachdem der Tod eingetreten war, und ich ging sofort zu ihnen. Wir verbrachten Stunden bis zur Abholung am Totenbett, wir erlebten den innigen Abschied von ihrem toten Mann und die schweren Augenblicke, als er endgültig weggetragen wurde.

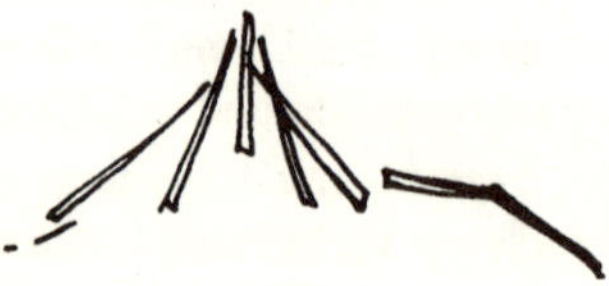

Wir konnten nie darüber sprechen

Im sonnigen Zimmer liegt schwer atmend die Sterbende. Sie ist wach, ihr Blick klar und aufmerksam. In einem danebenliegenden Raum spricht der Mann über das Sterben seiner Frau. „Das reicht doch in Tiefen, die wir selber nicht kennen. Dieses Sterben geht niemanden etwas an!“ Ich spüre, wie Recht er hat. Fast schäme ich mich meines Hierseins, auch wenn ich weiß, dass sie es waren, die mich gerufen hatten. Ich möchte gehen. Er begleitet mich zur Tür. Sein Verabschieden hat etwas Endgültiges.

Auf der Straße. – Ich fühle mich leer, aber auch erleichtert. Das war es also. „Ihr Sterben geht niemanden etwas an.“ Ich werde also nicht mehr dorthin gehen.

Schon während ich meine Haustür aufschließe, höre ich das Telefon läuten. Er ist es. „Entschuldigen Sie. Sie werden doch wiederkommen?“ Ich kann mein Staunen nicht verbergen. Ich zögere mit der Antwort. „Meine Frau, es ist meine Frau. – Sie werden doch wiederkommen? – Meine Frau bittet Sie darum.“ „Ja“, sage ich, – „ich werde wiederkommen.“

Der nächste Besuch – ich bin unsicher. Es scheinen doppelt so viele Stufen zu sein, die ich hinaufsteigen muss. Meine Hände sind kalt. Ich drücke den Klingelknopf. Wie wird es heute sein? Sein Gesicht ist blass und seine Stimme kaum hörbar. „Es – ich glaube, es – es geht zu Ende. Sie spricht nicht mehr. Kein Wort. Stumm. Nur ihr Blick. Nicht auszuhalten.“

Ich gehe hinüber. Die Kranke liegt abgewandt. Erst als wir alleine sind, wendet sie mir Kopf und Blick langsam zu. Diese Trauer im Ausdruck!

„Sie sind einsam“, sage ich, eigentlich mehr zu mir selbst, denn man hatte mir ja gesagt, dass sie nicht mehr sprechen kann. „Wer sagt das?“ kommt es heftig von ihr.

Wir schweigen lange. Dann beginnt sie: „Das ist das Ende. Schluss und aus. Nein, kein Durchgang. Ich habe ohne Kindermärchen gelebt und ohne diesen Unsinn sterbe ich auch. Es war ein gutes Leben. Für mich. Für ihn auch. Es war in Ordnung. Erst die Krankheit! Die Krankheit ist Verrat am Leben. Nichts ist mehr in Ordnung. Es ist aus. Alles Schluss. Ende.“

Lange spricht sie so, mehr zu sich selbst als zu mir. Dann schließt sie die Augen und presst die Lippen fest aufeinander. Da gibt es nichts mehr zu reden. – Nach einer Weile gehe ich leise zur Tür. Da sagt sie klar und laut: „Da ist – die Sorge um ihn. Die Sorge um ihn – wenn er am Leben bleibt."

Er hat auf dem Flur gewartet. Er hilft mir in den Mantel.

„Sie hat wirklich gesprochen? Weiß sie denn, dass sie stirbt? Wir konnten nie darüber sprechen."

„Ja", sage ich, „und sie sorgt sich um Sie." Da beginnt er heftig zu schluchzen.

„Entschuldigen Sie", stammelt er, „ja was wird nur, wenn sie tot ist?"

„Morgen Nachmittag komme ich wieder", verabschiede ich mich und laufe die endlosen Stufen hinunter.

Es ist ein windiger Tag. Ich läute. Ich muss zweimal läuten, ehe geöffnet wird. Er macht nur ein stummes Zeichen zum Schlafzimmer hinüber. Im Mantel gehe ich hinein und erkenne das Gesicht der Toten kaum wieder.

Wo gestern Widerstand und Qual war, ist jetzt etwas wie leuchtende Heiterkeit. Die freudige Überraschung eines Kindes scheint sich in dem stillen Gesicht zu spiegeln.

„Schön ist sie", sage ich leise.

„Schön geworden", flüstert er, „aber es war hart. Ein harter Kampf. Ein schwerer Tod."

Zwischen Hoffnung und Resignation

Der Weg des Sterbens ist oftmals ein sehr langer, mühsamer Weg mit vielen Höhen und Tiefen, die durchschritten werden müssen. So durchlebt der sterbende Mensch Zeiten, in denen er plant und hofft, neugierig auf das Leben ist, noch so vieles erfahren und lernen will – ja, gegen die Erkrankung und das Sterben ankämpft. Manchmal drückt sich dieser Kampf, die Auflehnung gegen den Tod, gegen die Ungerechtigkeit des Schicksals in Wut und Ablehnung gegen die Begleiter oder andere Personen aus.

Dann gibt es Zeiten, in denen eine große innere Ruhe und Frieden eintritt – ein vertrauensvolles Loslassen in das Geschehen, sich übergeben, sich überantworten – manchmal mit der Erleichterung, nun nichts mehr leisten zu müssen, sondern einfach nur so sein zu dürfen, wie man ist.

Manchmal schwingt in diesem Sein eine stille Wehmut mit, nicht mehr leben zu dürfen, ein Abschiednehmen vom Leben mit einem stillen Einverständnis, gehen zu müssen.

Und dann gibt es auch Zeiten, in denen der Weg zu lang, zu mühsam erscheint und der Wunsch, doch endlich sterben zu dürfen, stark ist. Viele sind mürbe von den vielen, manchmal nicht enden wollenden Behandlungen, noch müder von der Unsicherheit, wie es weitergeht und der bangen Frage, was denn noch alles auf sie zukommen wird. Sie fühlen sich resigniert bei dem Gedanken, immer weniger zu können, immer schwächer zu werden, immer mehr auf die Hilfe Anderer angewiesen zu sein, müde, ihr eigenes Sterben so miterleben zu müssen. Manchmal wünschen sie sich, den gefürchteten Moment des Todes schon hinter sich zu haben.

Diese so unterschiedlichen, ja oftmals gegensätzlichen Gefühle können zeitlich sehr nah beieinander sein – so kann in ein und demselben Satz von Hoffnungen und Zukunftsplänen gesprochen werden und dann wieder im nächsten Moment von dem Wunsch zu sterben.

Zu diesen seelischen Schwankungen kommen oft noch große körperliche Schwankungen hinzu. Der Sterbende erfährt, dass er sich nicht mehr auf seinen Körper verlassen kann – er kann auch keine kurzfristigen Pläne mehr machen, da sich sein Befinden sehr schnell verändert. Und oftmals fällt es uns schwer, nicht mehr planen zu können, ohne Perspektiven zu sein, anzunehmen, „dass es dann doch ganz anders kommt." Diese körperlichen Schwankungen gibt es auch noch in den letzten Lebenstagen.

Die wechselnden Schwankungen stellen für uns als Begleiter eine große Herausforderung dar. Wir können den Anderen nicht mehr fest einordnen, müssen alle unsere Erwartungen und Vorstellungen loslassen. Wir müssen uns immer wieder neu auf ihn einlassen. Wichtig ist auch, dass wir die unterschiedlichen Gefühle des sterbenden Menschen nicht bewerten, wie z. B. „er ist noch in der Auflehnung", sondern den Anderen mit all seinen unterschiedlichen Gefühlen annehmen, ohne ihn „weiter" oder anders haben zu wollen.

Es ist für uns auch sehr schwierig, wenn der sterbende Mensch sich einmal Nähe wünscht, unsere Zuwendung braucht und dann ein anderes Mal uns wegstößt, vielleicht aus einer Auflehnung gegen sein Schicksal, gegen die „Ungerechtigkeit der Welt". In solchen Momenten braucht es viel Kraft und persönliche Stärke, dass wir unser Herz aus der Verletzung heraus nicht verschließen, die Ablehnung nicht persönlich nehmen, sondern versuchen, den Anderen in seinem Erleben zu verstehen und so wieder unser Herz für ihn öffnen können.

Und auch wir als Begleiter erleben sehr unterschiedliche Gefühle – auch wir schwanken zwischen Hoffnung, Planen, Zuversicht einerseits und andererseits Resignation, Verzweiflung, Einsamkeit. Oftmals, besonders als pflegender Angehöriger, kommen wir auch an unsere eigenen Grenzen, fragen uns, wie lange denn noch unsere Kräfte reichen werden und wünschen uns aus dieser Erschöpfung heraus, dass der Andere bald sterben möge – aber gleichzeitig sind wir erschrocken über diesen Gedanken, und uns belasten deswegen Schuldgefühle. Wichtig ist, dass wir auch uns selbst in diesen unterschiedlichen Gefühlen verstehen und uns nicht verurteilen.

Auch wenn der Andere gestorben ist, erleben wir ganz unterschiedliche Gefühle: Einerseits sind wir erleichtert, dass er den Weg geschafft hat, vielleicht von Schmerzen erlöst ist – dann ist da tiefster Schmerz in uns, abgrundtiefe Verzweiflung, wie wir denn ohne ihn leben können, und oftmals sind wir auch ganz erschöpft von der Zeit der Begleitung – manchmal belasten uns Schuldgefühle ...

In kaum einer anderen Zeit unseres Lebens erleben wir so unterschiedliche, manchmal widersprüchliche Gefühle in uns, wie in der Zeit des Begleitens und des Abschiednehmens. Wir werden herausgefordert, uns selbst und den Anderen so anzunehmen wie wir sind, mit allen unseren Gefühlen, Stimmungen, Problemen und Schwankungen.

Stefan und Peter: Die Begleitung von zwei an AIDS erkrankten Menschen

Fast habe ich eine Scheu, über die Begleitung von Stefan und Peter zu schreiben. Sie gehört zu meinen intensivsten menschlichen Begegnungen.

Es war ein kalter Wintertag, als ich den ersten Besuch machte. Zwei Männer, *Stefan,* schon von der Krankheit gezeichnet und *Peter,* der noch ein paar Tage in der Woche arbeitete, erzählten mir von ihrer Krankheit und ihrer schwierigen Lebenssituation. Beide waren sehr offen und mir sympathisch. Beide hatten viel Erfolg in ihrem Beruf, und nun traf sie die Krankheit, die ihr Leben langsam zerstörte. Seit Jahren wussten sie, dass sie HIV positiv waren. Ihr Todesurteil, das sich zunächst innerlich vollzog.

Stefan

Beim nächsten Besuch lernte ich Stefans Mutter kennen. Sie pflegte ihn mit Hilfe der Schwester und wenigen Freunden ganz ohne fremde Hilfe. Ihr ganzes Leben war verändert, denn sie lebte bei ihrem Sohn und versorgte ihn sehr liebevoll. Was geht in einer Mutter vor, deren Sohn an AIDS erkrankt ist? Sie sprach mit fast niemandem darüber, nur die engste Familie wusste davon.

Ich kam immer an einem bestimmten Nachmittag. So konnte seine Mutter nach Hause fahren und war für eine Weile entlastet.

Stefan sprach offen über alles, was ihn belastete. Berufliche Dinge mussten geklärt werden. Was er vor wenigen Jahren mit Freude und Können aufgebaut hatte, musste er nun anderen Menschen übergeben. Er war sehr verzweifelt, und er zeigte es. Er litt sehr unter seiner begrenzten Lebenszeit, er wollte so dringend noch so Vieles lernen und erfahren.

Während meiner Besuche stellten wir gemeinsame Interessen fest, z. B. Japan und den Zen-Buddhismus. Wir hatten einen intensiven Austausch. Nie habe ich einen Menschen mit solch einer Liebe zu Pflanzen und Tieren erlebt.

Wenn wir in ein Gespräch vertieft waren und Peter dazu kam, meinte er immer, uns zu stören und wollte sich zurückziehen. Durch die Krankheit traten verstärkt fremde Menschen und auch die Familie in ihr gemeinsames Leben und somit auch zwischen sie. Stefan spürte eine aufkeimende Eifersucht bei Peter und bat mich, mich auch ihm zuzuwenden. Peter lehnte jedoch anfänglich jede Hilfe ab, denn er meinte, dass er das nicht brauche.

Peter

Beim nächsten Besuch kam Peter vom Arzt. Er hatte einen schlimmen Ausschlag. Ich rieb ihm den Rücken und die Arme mit einer Salbe ein. Der Mund war von einem Pilz befallen. Er litt und fühlte sich elend. Dennoch sagte er: „Ich werde nicht an AIDS sterben." Noch immer hatte er Hoffnung, dass diese Krankheit einzudämmen wäre.

An jenem Tag saßen wir lange zusammen. Stefan wusste, dass er an AIDS sterben würde, aber so lange er lebe, wolle er bewusst und in Frieden leben. Peter ärgerte sich über diese Aussage, weil ihm Stefan zu abgeklärt schien. Er war überzeugt, dass sie noch nicht aufgeben dürften.

Dieses auf und ab von Annahme und Aufbäumen erlebte ich sehr lange bei beiden. Der Wunsch nach Leben war da, und immer wieder kam die Resignation. Kein Richtig oder Falsch, es waren ehrliche Äußerungen von einem Prozess, in dem sie schmerzlich standen.

Das nächste Mal wartete Peter auf mich beim Gartentor, um mit mir allein zu sprechen. Es waren in letzter Zeit Schwierigkeiten im Zusammenleben mit dem Freund und der Familie aufgetreten. Der fortschreitende körperliche Abbau und oft die Angst vor dem nächsten Tag, dem nächsten Ausbruch der Krankheit, waren enorme Belastungen für sie und die Familien. Peter sagte damals, dass er bei seinem Freund bleiben wolle, bis er sterben würde.

Ein paar Wochen später musste Peter wegen auftretender Sprach- und Sehstörungen mit seiner Arbeit aufhören. AIDS war nicht aufzuhalten, obwohl er so viel Hoffnung hatte.

Bei einem Besuch sprach Peter zum ersten Mal über seine Religiosität und den Wunsch, an Ostern zur Kommunion zu gehen. Er wusste, dass die katholische Kirche offiziell Homosexuellen in einem festen Verhältnis die Teilnahme verwehrte. Wie ich ihn so vor mir sah, empfand ich ein tiefes Mitgefühl für seine Sehnsucht und die Kirche in ihrem Verhalten diskriminierend. Ich versprach ihm, mit einem mir bekannten Priester zu sprechen. Er solle zur Kommunion gehen, war seine Antwort. Als ich ihm das sagte, umarmte er mich spontan vor Freude. Das war „Ostern“ für mich.

Stefan bekam eine Augeninfektion. Seine Schwester brachte ihn ins Krankenhaus. Ein Virus wurde festgestellt. Dieses Virus kann zur Erblindung führen. Stefan, der die Welt am meisten mit den Augen aufnahm, konnte sich ein Leben ohne sehen zu können nicht vorstellen. „Heute ist mein Karfreitag“, sagte er mir bei meinem Besuch. „Entweder werde ich blind oder bald an etwas anderem sterben.“ So nah schien der Tod noch nie. Er spürte, wie traurig auch ich war und sagte: „Du darfst nicht mit uns sterben, du musst leben.“ Er bedankte sich bei mir. Einen Sommer wolle er noch leben, ganz bewusst, und vor allem nicht erblinden.

In einem Buch zeigte er mir ein wunderschönes japanisches Haus in einem herrlichen Garten. Er sagte mir, dass er sich auch so ein schönes Haus wünschen würde inmitten eines Gartens auf einem Berg. Eine Quelle sollte darinnen sein: Natur und Stille, Sehnsucht nach Ruhe, nach Frieden, nach dem Ursprung. Es war ein Zeichen für mich, dass er sich den Tod wünschte. Ich verstand ihn in diesem Moment sehr gut.

Peter war bei seinen Eltern zu Hause. Er rief mich an und sagte, dass er Salmonellen bekommen hätte. Wenige Tage später besuchte ich ihn das erste Mal bei seinen Eltern. Er freute sich, als ich kam. Wir gingen zusammen spazieren. Beim Anziehen musste ihm der Vater helfen. Peter erzählte mir von seinem Leben im Elternhaus und von dem, was er noch gerne geregelt hätte und was ihn noch belasten würde. Er wollte alles in Ordnung bringen. Als ich ihn fragte, ob er traurig wäre, sagte er nein. Ob er Angst hätte? Auch das verneinte er. Auf die Frage, ob er einen besonderen Wunsch hätte, überlegte er kurz und sagte: „Ja, einmal würde ich gerne noch Jessey Norman in einem Konzert singen hören." Ich versprach ihm, wenn irgend möglich, mit ihm zusammen ein Konzert von ihr zu besuchen.

Beim gemeinsamen Kaffeetrinken mit den Eltern sprachen sie von ihren Sorgen und Ängsten, was alles auf ihren Sohn und sie zukommen wird. Auch von ihrem Schmerz, ihn leiden zu sehen und ihn verlieren zu müssen. Der Arzt im Ort, obwohl im Nachbarhaus praktizierend, hatte die Behandlung verweigert. Angst vor AIDS. Die anderen „normalen" Patienten könnten wegbleiben, wenn es sich herumsprechen würde. Was müssen wir noch alles lernen! – Peter sagte mir, dass er sich manchmal wie ein Aussätziger fühlen würde.

Beim Abschied umarmten wir uns. Ich fuhr betroffen und weinend nach Hause.

Stefan wollte so gerne noch ein paar Tage irgendwo Ferien machen, und wir alle versuchten, einen Ort zu finden. Es war aussichtslos. Für AIDS-Kranke gab es keine Orte, und wir fühlten die Ausgrenzung schmerzlich. Nach langem Suchen konnte doch noch ein Ort gefunden werden, wo er zwei Wochen verbringen konnte. Mit meinem Mann besuchte ich ihn dort. Kein Auflehnen mehr, nur noch ein Weinen über sein Leben, das er unvollendet, ein Stück wie ungelebt, beenden würde mit einer großen Sehnsucht in sich. Er war während dieser Zeit noch schwächer geworden und wollte nach Hause, nach Hause, um dort sterben zu können.

Die Schwester von Peter rief mich an. Peter war nicht mehr in der Lage zu gehen. Er war inkontinent geworden und auch verwirrt. Er musste ins Krankenhaus eingeliefert werden.

Inzwischen hatte ich eine Konzertkarte für Jessy Norman bekommen. Mit einer Blume und der Karte ging ich ins Krankenhaus. Peter konnte nicht mehr sprechen und sich nicht mehr bewegen. Er lächelte ein wenig, als ich ihn begrüßte. Seine Eltern waren auch da. Es galt, diese Situation, die nur als Schmerz empfunden wurde, auszuhalten. Als wir Peter fragten, ob wir beten sollten, nickte er. An diesem Tag besuchte ihn auch der Pfarrer meiner Gemeinde, um mit ihm und seinen Eltern Kommunion zu feiern. Trost und Kraft ging für sie von diesem Sakrament aus.

Peter wollte nicht an AIDS sterben, und nun ging es ihm schlechter als seinem Freund. Beide waren Sterbende.

Stefan rief mich an, ob ich bei ihm eine Nacht bleiben könnte. Ich wollte ihm eine Freude machen und brachte ihm ein japanisches Essen mit. Er freute sich sehr darüber. Das Essen war mein Abschied für ihn, und es wurde fast zu einem kleinen Fest. Gegen Mitternacht legte ich mich in das Nebenzimmer. Die Tür war offen und Stefan rief immer wieder nach mir. Er wollte dann etwas zu trinken, wollte umgelagert werden oder verlangte nach der Urinflasche. Aus eigener Kraft konnte er das nicht mehr.

Peters Zustand wechselte sehr. Fast täglich besuchte ich ihn. Oft saß ich ganz still bei ihm und hielt ihm seine Hand. An guten Tagen las ich ihm etwas vor oder wir hörten zusammen Musik.

Während Peter im Krankenhaus lag, bekam Stefan in der benachbarten Blutzentrale eine Transfusion. Die Freunde hatten sich lange nicht mehr gesehen, und ich fand es sehr wichtig, dass sie voneinander Abschied nehmen konnten. Mit der Hilfe eines Pflegers fuhr ich Stefan an das Bett seines Freundes. Danach verließ ich für ein paar Minuten das Zimmer, um sie alleine zu lassen. Mir war bewusst, dass es ihre letzte Begegnung sein würde.

Ich war froh, dass ich auf dem Flur keinen Menschen begegnete. Ich setzte mich auf einen Stuhl und empfand die ganze Tragik und Trauer dieser Situation.

Am nächsten Tag fuhr ich wieder zu Stefan, um noch einmal eine Nacht bei ihm zu bleiben. Es war ein harmonischer Nachmittag und Abend. Einmal jedoch, als jemand kam, wurde er sehr ärgerlich. Von keinem Menschen wollte er sich mehr Zeit stehlen lassen. Bis Mitternacht waren wir wieder wach. Er sprach über sein Sterben. Er bedankte sich bei mir, weil ich immer zu ihm gekommen sei und meinte, dass er ohne den Austausch nicht so lange gelebt hätte. Seine Mutter und seine Schwester taten alles, um ihm Erleichterung zu verschaffen und ihm Freude zu machen. Seine geistige Kraft und sein Lebenswille waren in den letzten Wochen sehr viel stärker gewesen als seine körperliche Kraft. Doch nun waren beide erschöpft.

In dieser Nacht sagte er mir, dass er ein glücklicher Mensch und erfüllt mit Liebe sei.

Am Nachmittag besuchte ich Peter im Krankenhaus. Von Stefan brachte ich einen Blumenstrauß mit. Oft sagte er einfach den Namen seines Freundes, und ich erzählte dann von ihm. So war ich der Bote zwischen ihnen.

Zwei Tage später rief mich die Schwester von Stefan an; Stefan war in der Nacht gegen vier Uhr morgens gestorben. Er war still eingeschlafen.

Ich nahm eine Karte und schrieb ein Gedicht darauf, das für mein Empfinden ganz zu Stefan passte. Es stammt aus Japan.

„Im Meer des Lebens,
Meer des Sterbens,
in beiden müde geworden,
sucht meine Seele den Berg,
an dem alle Flut verebbt.“

Mit einer Blume fuhr ich zu Stefan und seiner Familie, um Abschied zu nehmen. Was sich so lange vorbereitete, war nun Realität. Der Tod, trotz Glauben und Hoffnung, ein Schmerz.

Nie sah ich bei einem Toten diesen Ausdruck, Stefan musste gestorben sein in einem Zustand der Freude, des Glücks. Seine

Augen waren weit geöffnet, als hätte er etwas Schönes geschaut. Ein Lächeln war auf seinem Gesicht. Es war erstaunlich, wie viel Frieden und Trost von ihm ausging.

Seine Mutter, die Familie und Freunde waren da. Es wurde geweint und von Stefan erzählt, von seinem Leben und seinem langen Sterben. Bevor ich mich verabschiedete, versprach ich, am Abend Peter die Nachricht vom Tod seines Freundes zu überbringen.

Am Abend ging ich in das Krankenhaus zu Peter. Ich brachte ihm ein Paar Kamelienblüten und eine Kerze von Stefan mit. Ich versuchte, behutsam zu sein. Als die Nachricht vom Tode des Freundes ihn dann erreichte, war sein ganzes Gesicht ein stummer Schrei – er weinte.

Ich erzählte ihm, wie Stefan starb, dass er zum Schluss glücklich war und keine Angst hatte.

Zusammen nahmen wir Abschied. Später las ich Gebete und Psalmen vor, und Peter wurde ganz ruhig.

Fast täglich besuchte ich Peter im Krankenhaus. Er fing an, kleine Sätze zu sprechen. Er äußerte den Wunsch, nach Hause gehen zu dürfen. Immer, wenn ein Hubschrauber vor dem Fenster des Krankenhauses auf der Wiese landete, sagte er: „Ich möchte auch gerne mitfliegen." – Vielleicht diesem Körper entfliehen, der für dieses Leben unbrauchbar geworden war, verletzt durch die Krankheit.

Peter durfte nach Hause. Ein Krankenbett musste gebracht werden und die Schwestern der Sozialstation kamen zweimal täglich. Die Eltern wohnten bei ihm. Es war eine große Belastung für sie, trotzdem hielten sie zu ihrem Sohn, wie auch die Mutter von Stefan. Es schien wie ein Wunder, dass er noch einmal zu Hause sein konnte. Er war glücklich.

Am nächsten Tag ging es ihm sehr schlecht. Am Abend fuhr ich mit unserem Pfarrer zu Peter. Mit den Eltern zusammen feierten wir Kommunion. Alles war so selbstverständlich. Er versuchte, das Kreuzeszeichen zu machen, obwohl sein Arm es kaum zuließ. Es wurde eine Form gelebt und vollzogen, die in der Familie immer so gelebt wurde.

Eine Woche lebte Peter noch zu Hause in seiner Wohnung. Während dieser Zeit besuchte ich ihn und seine Eltern täglich, und wir wurden in langen Gesprächen vertraut miteinander.

Zwei Nächte blieb ich bei Peter alleine, damit seine Eltern nach Hause fahren konnten.

In der ersten Nacht war Peter ganz lange wach, und ich las ihm vor. Nach einem Gedicht von Novalis sagte er: „Schön“. Es war das letzte Mal, dass ich ihn ein Wort aussprechen hörte. Wir erlebten zusammen den Übergang von der Nacht zum Tag. Diese Zeit hat eine ganz besondere Qualität. Es war etwas spürbar von einer zukünftigen Welt, die dieses Leiden – so hoffe ich – nicht mehr kennt.

In der zweiten Nacht, in der ich bei ihm war, empfand ich anfangs fast etwas Heiteres in seinem Wesen – Freude. Während ich ruhig bei ihm saß, beschleunigte sich sein Puls, sein Atem veränderte sich, und er bekam Fieber. Der Ausdruck seiner Augen veränderte sich langsam, es war, als ob sich ein Schleier darüber legen würde. Er war in das letzte Stadium seines Lebens, seines Sterbens, eingetreten.

Gegen Morgen öffnete er noch einmal die Augen, aber in ihnen lag der Ausdruck einer Wahrnehmung von etwas, was ich nicht sehen konnte.

Als die Eltern gegen Mittag zurückkamen, schlief Peter fast nur noch. Beim Abschied wusste ich, dass ich Peter nicht mehr sehen würde. Ich fuhr nach Hause und weinte. Vor drei Wochen war Stefan gestorben und nun Peter. Es wurde mir bewusst, wie nah sie mir geworden waren.

Ich zündete zu Hause eine Kerze an – für Stefan und Peter.

Es gab keine Antwort in meinem Kopf auf dieses Leiden, nur in meinem Herzen fühlte ich, etwas davon, dass einmal alle Tränen getrocknet sein würden und es einmal eine Antwort auf dieses Leben hier geben muss.

Um sieben Uhr morgens klingelte das Telefon. Der Vater von Peter. In dieser Nacht um null Uhr dreißig war Peter gestorben. Es war ein ruhiges Ausatmen. Seine Mutter war bei ihm gewesen.

Nein!

Nein, nicht gerade er, mein einziger Bruder. Seit Jahren schon verfolge ich die Berichte in den Medien über AIDS mit einem gewissen Gefühl von Angst und ahnungsvoller Panik. Nun ist es schreckliche Wahrheit. Mein Bruder liegt das erste Mal im Krankenhaus. Ein langer und doch kurzer letzter Weg beginnt.

Warum muss es gerade er sein? Wie soll er, wie ich, die grausame Wahrheit ertragen? Das Wissen, dass der Tod uns ab jetzt mit jedem Tag näher kommt. Verzweiflung, Ablehnung, Hader mit dem Schicksal erfüllen ihn und mich. Zorn, aber auch Depression erschüttern unsere Gefühle, unsere Beziehung.

Manchmal erschaudere ich bei dem Gedanken an eine Ansteckung und die Folgen. Trotzdem bin ich da, kümmere mich um ihn, helfe, höre zu und freue mich mit ihm. Ab und zu umsorge ich ihn in seinen Augen zu sehr. Ich erfahre Ablehnung und Zorn. Seine Depression zieht mich ins Dunkel. Ich kämpfe dagegen an, muss es, für mich, für meine Familie, für ihn. Manchmal bin ich es leid, bin zu müde, zu traurig, frustriert. Möchte nichts mehr wissen, keine Verzweiflung und Hoffnungslosigkeit mehr spüren, vor der Wahrheit, dem Leiden, dem Schmerz die Augen verschließen. Gerade dann kommen von ihm Gesten der Liebe und der Dankbarkeit, Worte der Entschuldigung. Mein Schmerz, meine Mühsal werden unwichtig. Es folgen Tage und Wochen voller Lebensfreude, voller Zukunftspläne, die mich staunen machen, Mut fassen lassen. Ich spüre, dass ich richtig handle.

Eine dunkle Phase hat einer hellen Platz gemacht. Meine Gedanken und Gefühle können sich in Ruhe mit dem Schicksal auseinander setzen. Ich lese viel über Sterbende. Das hilft mir. Ich erkenne vieles wieder, weiß später mit vielem besser fertig zu werden.

Plötzlich schlägt die Krankheit wieder zu. Alles wird wieder in Frage gestellt. Meine erneute Verzweiflung ist jedoch nur kurz, macht dem zunehmenden Akzeptieren Platz.

Mein Bruder ist schon weiter. Er hat sein Schicksal fast angenommen. Noch verhandelt er mit dem Tod. Noch möchte er eine begrenzte Zeit relativen Wohlbefindens erkämpfen. Er schafft es.

Es gibt noch so viel zu erleben, noch manches zu erledigen. Wir kommen uns immer näher. Blicke und Gesten ersetzen oft Worte. Wir wissen beide um die Kostbarkeit jeder gemeinsamen Stunde.

Die körperliche Kraft lässt nach, der Wille jedoch trotzt dem Schicksal noch manche schöne Stunde ab. Seine Augen in glücklichen Momenten strahlen zu sehen, gibt mir ungeahnte Kraft, lässt mich eine tiefe innere Ruhe finden, lässt mich meine panische Angst vor dem nicht Durchhaltevermögen vergessen. Ich frage mich in dieser Zeit oft: Wer gibt hier wem Kraft, wer tröstet wen?

Bei jedem Wiedersehen spüre ich deutlicher, dass wir uns dem Ziel nähern. Der Zorn, die Depression, die Aggression ist verschwunden. Das Bewusstsein der baldigen, endgültigen Trennung gibt uns Ruhe, lässt uns liebevoll miteinander umgehen. Wir wissen, dass wir akzeptiert haben, dass wir uns loslassen können. Gemeinsam erreichen wir, dass auch unsere Mutter diesen letzten schweren Schritt tun kann.

Lächelnd kann er über die Schwelle treten. Er hat Frieden gefunden, wir durch ihn Trost.

Alle zusammen haben wir letztendlich zu einem Teil unseres vorbestimmten Weges und zu seinem Ende ein gemeinsames Wort gefunden: JA.

Alle Mühen, Kraftanstrengungen, Tränen, alle Verzweiflung und Wut verblassen neben der Freude, den schönen Momenten, der Liebe während dieser unwiederbringlichen letzten Zeit.

Ich kann mir das Nichts einfach nicht vorstellen ...

„Da sind Sie also!“ Mit diesen Worten begrüßt sie mich, als ich das erste Mal ihr Zimmer betrete. Es schwingt etwas Endgültiges mit. Die braunen Augen begrüßen mich. Da ist Angst und Hoffnung. Als ich ihr die Hand gebe, beginnt sie zu weinen.

„Entschuldigen Sie. Ich bin froh, dass sie kommen. Ich weiß nicht, warum ich so weinen muss."

„Ich wäre nicht hier, wenn Sie nicht so krank wären. Ist es das?" Sie nickt.

„Ich habe auch keine Kraft mehr. Gar keine Kraft. Nur noch weinen und beten. Meistens weinen. Ich möchte Sie etwas fragen. Vor vier Jahren, nach der ersten Krebsoperation, schien der Tod ganz nah. Schmerzen und Angst. Aber dann, einmal in der Nacht, war die Mutter da, die Mutter, die ein Jahr zuvor gestorben ist. Vielleicht können Sie das nicht glauben, aber ich habe sie gesehen. Und danach war die Angst weg."

Sie war scheinbar wieder gesund geworden, war ja auch nicht einmal fünfzig, hatte wieder ein volles Arbeitspensum bewältigt. Und jetzt dies. Damit hatte sie nicht gerechnet. Und die Angst ist auch wieder da.

„Meine Mutter – glauben Sie, dass meine Mutter wiederkommt, wenn es soweit ist?"

Im dichten Abendverkehr fahre ich nach Hause. Es fällt mir schwer, mich zu lösen von dem Blick dieser Frau: das schöne Gesicht unter dem vollen braunen Haar, die sanfte Stimme, die aus der Seele kommenden, suchenden Fragen.

Weinend in den Kissen liegend –, wenn ich erwartete, sie wieder so anzutreffen, so hatte ich mich getäuscht. Mehr noch als der Aktenordner auf ihren Knien zeigte der energische Gesichtsausdruck, das Aufrechtsitzen im Bett, dass es diesmal nicht um Tod und Abschied geht.

„Ich werde die Zügel in der Hand halten, solange es geht. Man kann schließlich nicht immer ans Sterben denken. Vielleicht werde ich auch wieder gesund. Mein Mann glaubt fest daran. Auch seinetwegen will ich nicht ans Sterben denken."

Außerdem habe sie noch einen Prozess zu führen und zu gewinnen.

„Ich will mein Recht und ich werde darum kämpfen! Jetzt abtreten! So leicht werde ich es niemandem machen. Koste es, was es wolle, ich muss mein Recht bekommen."

Ich bin völlig verwirrt. Ist das die gleiche, sanfte, aufs Jenseits gerichtete Frau von der letzten Woche? Der Name eines kompetenten Anwalts interessiert sie zweifellos mehr als das Engelsbild, das ich ihr mitgebracht hatte.

Ich gehe etwas früher. Diese geschäftstüchtige Entschlossenheit ist so unerwartet, dass ich gar nicht damit umgehen kann.

„Mein Recht. Ich will mein Recht!" Es ist ein Aufbäumen, Trotzen. Recht, im Angesicht des Todes? Oder geht es hier um ein ganz anderes Recht? Hat man mit Fünfzig nicht ein Recht auf Leben? Auf Gesundheit? Kann ich ihr Sträuben, die Zügel aus der Hand zu legen, so verstehen? Denen, die mit ihrem Tode rechnen, will sie es zeigen, den Prozessgegnern, den Angehörigen – auch Gott? O ja, auch Gott gegenüber besteht sie auf ihrem Recht zu leben.

Ich bin gespannt. Wen werde ich diesmal antreffen, die leidend Sanfte oder die energische Geschäftsfrau?

Im Licht der Nachmittagssonne erscheint ihr Gesicht jung, fast blühend. Ein Berg von Briefen liegt neben ihr. Abschiedsbriefe!

„Wissen Sie, ich habe jetzt von meinen Freunden Abschied genommen. Ich lasse mich einfach fallen. Mein ganzes Leben war gepresst: Leistung, Leistung, Erfolg. Jetzt kann ich nicht mehr, und ich bin fast froh darüber." Sie lächelt und dabei laufen ihr die Tränen über das Gesicht, das jetzt so weich, so entspannt, so jung aussieht, dass es mir heute schwer fällt, sie für sterbenskrank zu halten.

Mich erreicht der Anruf ihres Mannes. Es hat einen Disput mit dem Hausarzt gegeben. Der Arzt hält die Einweisung ins Krankenhaus für nötig. Ich frage: „Und Sie, wie geht es Ihnen?" Es folgt ein längeres Schweigen. „Ach wissen Sie, das ist, wie wenn man einen Mantel fest um sich zieht. Sie wird nicht wieder gesund werden, aber ich kann, ich will sie mit solchen Gedanken nicht belasten. Man bewahrt eben Haltung."

Ich freue mich auf den Besuch bei ihr. Ich möchte sie gerne wiedersehen. Ihr zuhören. Wie wird es ihr diesmal gehen? Beide Hände streckt sie mir entgegen. Das Lächeln ist triumphierend: „Meine Leukos sind ganz unten, aber Chemotherapie, das kommt nicht in Frage, nicht mit mir! Wenn ich sterben muss, dann sterbe ich. Aber mit der Chemo ist Schluss!“

Ihre Augen blitzen kämpferisch. Schön sieht sie aus, so entschlossen. – Gleich darauf nachdenklich: „Am schwersten ist es, die Anderen nicht zu belasten. Immer sagen, es gehe gut, nicht zu weinen ... Das Wohlwollen der Familie tut gut, aber es tut auch weh. Und ich will sie doch nicht so belasten. – Glauben Sie, mein Mann weiß, dass ich nicht mehr gesund werde?“

Nach einer langen Regenwoche ist heute wieder ein heller Tag. Ich freue mich auf die Nachmittagssonne in ihrem Zimmer. Aber es ist dämmrig, als ich hereinkomme. Die Jalousien sind heruntergezogen. Das Licht bleibt draußen. Blass und still hebt sie kaum die Hand. Sie schaut mich nicht an, spricht mehr zu sich selbst: „So gar keine Perspektive mehr, das ist das Schlimmste. Ich habe immer in die Zukunft geplant. Mit guter Planung kann man sehr viel erreichen. Und jetzt ... einfach warten, warten. Keine Perspektive.“

Lange schweigen wir beide. Dann schaut sie mich an: „Wissen Sie, was ich noch einmal möchte? Über den Markt gehen, ein einziges Mal auf den Markt. Die Blumen, das Gemüse ... Ein einziges Mal. Ich bin so traurig.“

Da spüre ich, wie mich ihre Traurigkeit erreicht, einhüllt, mir die Tränen herunterlaufen. Darf ich denn das? Auch weinen? Es ist sehr still im Zimmer.

Ihr Mann kommt herein, bringt uns Tee. Wir trinken ihn und schweigen. Unerwartet fragt sie über ihre Teetasse hinweg: „Sterben – wissen Sie denn, was danach kommt? Ich kann mir das Nichts einfach nicht vorstellen.“ – „Ich auch nicht, nicht einmal der Philosoph Bloch konnte das.“ Wir lachen beide, wie befreit, über dieses unvorstellbare Nichts.

„Ich muss Ihnen etwas erzählen: Vorgestern, mein Mann gab mir die Medikamente so wie immer. Und plötzlich fing er an zu weinen – und da wusste ich, dass er es weiß, und er weiß jetzt, dass ich es weiß. Wir haben beide geweint. Es war ganz schrecklich. Aber auch gut. Es ist jetzt viel leichter.“

Mein Telefon läutet. Ihr Mann fast heiser vor Aufregung. Der Hausarzt habe den Krankenwagen bestellt. „Er hat wohl die Nerven verloren. Es geht meiner Frau ja auch sehr schlecht. Aber sie hat sich doch so gewehrt. Sie will um keinen Preis ins Krankenhaus. Es war ein Überfall – unser Protest war ganz zwecklos. Bitte gehen Sie zu ihr ins Krankenhaus."

Blicklos wendet sie sich der Tür zu, als ich eintrete. Der Telefonhörer liegt neben ihrem Bett. Sie hat vergessen, wer angerufen hat und wann; sie will sich aufrichten, es geht nur mühsam. Ich helfe ihr, stütze sie. Da bricht es aus ihr heraus: „Niemand soll mich anfassen, nicht streicheln, nicht sprechen! Ich will in Ruhe gelassen werden!"

Sie schließt die Augen, und das Gesicht entspannt sich langsam. Ich gehe leise.

Als ich das nächste Mal wiederkomme, streckt sie mir beide Arme entgegen: „Ich hatte Angst, dass Sie nicht mehr kommen würden." Als kurz darauf der Arzt hereinkommt, schickt sie ihn fort. Sie brauche keinen Arzt mehr, sie brauche Ruhe. Das sagt sie so kompromisslos, dass er kopfschüttelnd das Zimmer verlässt. Sie seufzt: „Wenn's ans Sterben geht, zählt jeder Tag in diesem Bienenstock doppelt."

Nur Ruhe. – Nein, auch nicht mehr beten. „Jetzt ist die Zeit, die nach dem Beten kommt." Ob sie nach Hause möchte? „Ach wissen Sie, es kommt nicht mehr so darauf an. Ich gehe sowieso heim." Sie deutet mit dem Zeigefinger nach oben und lächelt.

Auf dem Flur begegne ich dem Arzt noch mal. Er will sie möglichst rasch entlassen, damit sie, ihrem früher geäußerten Wunsch entsprechend, zu Hause sterben kann.

Ich freu mich, dass sie wieder zu Hause sein kann. Aber ist es ihr noch wichtig?

Gleich beim Hereinkommen fragt sie: „Wozu ist so etwas eigentlich gut?" Wozu ist was gut?

„Die Explosionen ... die Explosionen vor meinen Augen und viel Licht."

Nach einer Weile sagt sie: „Ich liege jetzt in dem Bett meiner Mutter. In diesem Bett ist sie gestorben. Auch an Krebs." Sie schweigt lange. „Hören Sie die Musik? Mein Mann hört sie auch nicht. Es ist ganz andere Musik. Ich kenne sie nicht."

Sie scheint eingeschlafen. Plötzlich ist sie hellwach. „Die Uhr. Es ist wichtig, dass ich die Uhr immer sehe. Ich muss die Zeit einteilen. Das ist wichtig. Ich brauche eine sehr gute Uhr, die Zeit einzuteilen."

Entspannt sieht sie aus, als ich am nächsten Tag komme.

„Ich bin so glücklich, nur noch glücklich."

Mich berührt diese Innigkeit. „Sie sind glücklich?" – „Ja, ich kann jetzt Schimpfwörter sagen – alle." Ich bin verblüfft. „Und das ist gut?" – „Ja, das ist sehr gut. Nichts spielt mehr eine Rolle. Alles kann ich sagen. Ich bin frei."

Es klingt fromm und erlöst, wie die „immer Liebe", „immer Sanfte", „immer Höfliche" gewahr wird, dass sie jetzt auch dunkle Gefühle und Ablehnung aussprechen kann. Sie lächelt in sich hinein. „Ich habe ihm gesagt: ich liebe dich, und ich habe ihm auch gesagt: du Eisklotz. Beides habe ich noch nie gesagt, aber es stimmt."

Sie schläft ein. Nach langer Zeit murmelt sie leise und mit großen Zwischenräumen: „Ich bin reich. Sie nicht. – Ich bin ganz nah. Ich tausche mit niemandem. Auch nicht mit Ihnen. – Sie sind in einer Kapsel. Alle sind in einer Kapsel. Ich nicht. – Ich habe keine Kapsel. – Ich bin frei."

Sie schaut an mir vorbei auf die Uhr. „Es ist gleich 17 Uhr, meine Gesprächspartnerin kann gehen." Ich soll gehen? – „Sie sollen nicht, aber Sie können. Ich brauche niemanden. Wissen Sie, ich habe keine Kapsel. Ich brauche Sie nicht mehr." Das klingt siegesgewiss. Ich muss plötzlich lachen und schüttele vorsichtig ihren Arm. „So ist das also: Sie haben keine Kapsel und brauchen niemanden mehr. Für mich fühlt es sich fast so an, als brauchte ich Sie."

„Das kann wohl sein", sagt sie und schaut mich lange mit großer Liebe an.

„Trotz der Schmerztherapie ist es ein elendes und langes Sterben", so empfängt mich ihre Schwester. Sie schlafe jetzt neben ihr. Früher hätte sie sich gefürchtet, „aber wir sind bald alle jenseits der Angst vorm Sterben."

Nur noch Himbeeren wolle sie haben, jeden Tag. Sie schlafe jetzt meist.

Schmal ist das Gesicht geworden. Ein Schälchen Himbeeren hält sie in der Hand und lächelt. „Die Himbeeren, das ist der Wald – alles ist grün – Sommer – so schön – der Duft." Sie schaut mich an. Geht innerlich weit weg. In einen Sommerwald? Kommt zurück ... sucht Worte ... „Es ist nicht mehr wichtig, nichts ist wichtig ... nur eines ... der Geist ... Wasser ... Geist und Wasser ... was ist Schuld? ... Der Eremit ... er hat keinen Beruf, keine Familie, kein Drumrum. Keine Schuld – das Leben ist schuldig. Nichts ist wichtig. Der Geist. Das Wasser. Das Licht."

Sie schläft.

Ich muss für zwei Tage verreisen, möchte sie noch einmal sehen. Ob sie mich erkennt, weiß ich nicht. Die Augen schauen durch mich hindurch in die Ferne. Das Atmen ist mühsam. Ich halte ihr Gesicht in meinen Händen. Es ist kalt und feucht. Wie warm meine Hände sind. Wir sind etwa gleich alt.

„Ich tausche nicht mit Ihnen", hatte sie gesagt und: „Nichts ist mehr wichtig."

Für eine zeitlose Spanne fallen auch von mir die vielen kleinen „Wichtigkeiten" des Alltags ab.

Ihr Sterben verändert mein Leben – ich spüre eine Dankbarkeit, die beides umschließt.

So ist mein Leben nicht mehr lebenswert

Manchmal ist der Weg der Krankheit und des Sterbens so schwer, dass der sterbende Mensch nicht mehr leben will.

Durch viele Operationen und Behandlungen, durch das Aushalten von Schmerzen ist seine Lebenskraft erschöpft. Die Frage nach dem Sinn seines Daseins stellt sich besonders, wenn er zusätzlich noch ans Bett gefesselt und für alles auf Hilfe angewiesen ist. Bei einigen, meist bei älteren Menschen ist es auch so, dass viele der ihnen vertrauten Menschen schon gestorben sind und die Sehnsucht sie nach „drüben" zieht.

Wie können wir als Begleiter nun mit dem Wunsch zu sterben oder gar das Leben beenden zu wollen, umgehen?

Zunächst wehrt sich alles in uns, und wir können es vielleicht kaum ertragen, dass dieser Mensch nicht mehr leben möchte, und wir versuchen ihn zum Leben „zu überreden". Es ist gut und wichtig, dass wir uns prüfen, was wir noch für den anderen tun können, damit er wieder mehr Mut und Kraft zum Leben bekommt. Häufig entsteht ja der Wunsch, nicht mehr leben zu wollen, aus dem Gefühl des Alleingelassenseins, aus mangelnder Zuwendung oder auch aus mangelnder medizinischer Hilfe, insbesondere in der Schmerzbehandlung.

Wenn wir es aber wagen, uns in die Situation des Anderen hineinzuversetzen und uns ehrlich fragen: Wie würde es mir in dieser Situation ergehen, vielleicht bettlägerig, erblindet und mit Schmerzen? Oder seit Monaten nur noch auf der linken Seite liegen zu können, weil Bestrahlungsschäden das Liegen auf dem Rücken unmöglich machen und zusätzlich noch starke Übelkeit und Erbrechen?

Es ist wichtig, dass wir den Wunsch sterben zu wollen, nicht verurteilen oder aus Angst bekämpfen, sondern dass wir uns von dem Leid des Anderen treffen und berühren lassen, versuchen, seine Not und Verzweiflung, die hinter diesem Wunsch stehen, zu verstehen. Wir brauchen keine Antworten parat zu haben – viel wichtiger ist es, dass wir die Zweifel, die scheinbare Sinnlosigkeit mit aushalten und den Anderen hierin nicht alleine lassen.

Frau Naber

So viele Operationen hat Frau Naber schon hinter sich. Seit der Brustkrebserkrankung vor acht Jahren, jedes Jahr eine ...

Genau ein Jahr vor ihrer eigenen Erkrankung ist ihr Mann gestorben. Sie hat ihn lange und liebevoll begleitet. – „Aber wer wird mich begleiten?“ Das ist ihre Sorge. Zwei Nachbarinnen kümmern sich mit viel Zuwendung um sie.

Große Augen, die tief ins Herz blicken, begegnen den meinen vertrauensvoll.

Ihr Arm, der durch einen Lymphstau so dick geschwollen ist, dass sie ihn nicht mehr halten kann, macht ihr starke Schmerzen. Er ist zu schwer für sie. Im Gespräch über ihre Lebensgeschichte kommen ihr immer wieder die Tränen. Tief berührt von dem Leid, das sie so tapfer alleine trägt, kommen auch mir selber die Tränen.

Nach einigen Wochen kann sie sich endlich entschließen, Morphin gegen die Schmerzen zu nehmen.

Viele Knoten hat sie, am Hals und Arm. Einige davon sind aufgeplatzt und eitrig.

Bei meinem heutigen Besuch ist sie unruhig, wartet verzweifelt auf die Schwester für den Verbandswechsel. Ich massiere ihr inzwischen den müden Rücken und langsam wird sie ruhiger.

Gestern hat sie ihre Geldangelegenheiten geregelt. Die Enkelin soll alles bekommen.

Mein letzter Besuch ...

Frau Naber äußert heute den Wunsch zu sterben. „So ist mein Leben nicht mehr lebenswert.“

In ihrer inneren Welt ist sie jetzt oft mit der verstorbenen Mutter und ihrem Mann zusammen.

Dann gibt es aber auch Momente, in denen sie am liebsten etwas kaputt machen möchte – „da kann ich den Schmerz nicht mehr ertragen.“ Und so bringe ich ihr einen alten Teller aus der

Küche, den sie mit Kraft auf den Boden schmeißt. Sie ist erleichtert, und ihr kommen die Tränen.

Plötzlich klingelt es an der Tür. Eine Bekannte von ihr möchte sie besuchen.

Als diese die Scherben auf dem Boden sieht, fühlen wir uns etwas „ertappt“, aber mit einem Schmunzeln sagen wir, dass uns der Teller gerade heruntergefallen sei.

Ich verabschiede mich. Diesmal fällt mir der Abschied schwer, ich ahne, dass ich sie nicht mehr sehen werde.

Der selbstgewählte Tod

Sie will sterben!

„Ich habe so starke Schmerzen und habe alles versucht. Ich kann nicht mehr. Das Leben ist grausam – da kann der Tod nur schön sein.“

Frau König hat ein Schädeltrauma und – was noch schmerzlicher ist – ihr Mann ist vor einem Jahr sehr plötzlich in der eigenen Wohnung gestorben.

In ihrer siebzehnjährigen Ehe waren sie ganz aufeinander bezogen.

Nein, Freunde hatten sie keine.

Und nun ist sie mit ihren Schmerzen, den körperlichen und den seelischen, alleine.

Hilfe will sie nicht mehr annehmen.

Immer wieder sagt sie: „Sie können mich nicht davon abbringen, mir das Leben zu nehmen. Ich gehe gerne in den Tod. Mein Mann würde sagen: ‚Du bist ja noch immer da!‘

Und mein verstorbener Vater: ‚Ich habe dir das Zyankali nicht umsonst hinterlassen.‘“

Zwei Tage später ruft sie mich an und sagt, dass ich sie nicht mehr anrufen oder besuchen soll.

Der Tag ihres Todes sei beschlossen.

Es fällt mir schwer, ihren Entschluss anzunehmen. Fragen nach dem Sinn, der Verantwortung und Freiheit stellen sich mir wieder einmal ganz intensiv.

Aber ich möchte ihren Willen respektieren und akzeptieren.

Fünf Tage später nimmt sie das Zyankali und stirbt.

Der Wunsch, endlich erlöst zu werden

Der Sohn hatte meinen Besuch gewünscht: Sein Vater pflegt Tag und Nacht die Mutter, die sterbenskrank zu Hause liegt. Die Mutter weiß um ihren Zustand und wünscht sich einen Menschen, mit dem sie über ihre Situation und ihr ersehntes Sterben sprechen kann – aber, der Vater will nichts davon hören. Er geht dann immer aus dem Zimmer und ist tief traurig. Das bringt für alle große Spannungen. Der Sohn und seine Schwester können nicht mehr mit ansehen, wie sehr sich beide quälen.

Erster Besuch

Ich stehe vor einem kleinen Häuschen, das eine lange Verbundenheit zum Stadtteil ausdrückt. – Später erfahre ich, dass die Familie hier schon seit vierzig Jahren wohnt.

Herr Zapf öffnet mir die Tür und führt mich ins Wohnzimmer. Dort liegt seine Frau in einem Krankenbett, das das kleine Wohnzimmer ausfüllt. Sie ist sehr mager und von ihrer Krankheit gezeichnet. Ihr schönes Gesicht zeigt Müdigkeit, aber auch Erwartung. Sie setzt sich auf, was jetzt seit der Morphinbehandlung wieder möglich ist. – Sie erzählt zögernd von ihrem langen Leidensweg, von den vielen Operationen, Bestrahlungen, Chemotherapie und einer Iscador-Behandlung, von der sie annimmt, dass sie ihr eine zeitlang Besserung verschafft hat.

Ihr Wunsch, endlich erlöst zu werden, steht aber bei allem, was sie sagt, im Vordergrund. Ihr Mann, der meist still zuhört, stöhnt – sie solle nicht immer davon reden, sie solle lieber an etwas Schönes denken.

Aber die Frage: „Warum lässt Gott das zu, dass ich so lange leiden muss", durchzieht weiterhin unser Gespräch. Die Frage liegt auch in ihren sehr tief liegenden ausdrucksvollen Augen. Sie macht auf mich den Eindruck, dass sie nur noch wenige Tage zu leben hat.

Ich sollte mich jedoch irren, und ich musste immer wieder lernen, dass meine inneren Bilder und Vorstellungen vom Sterben eines Menschen wohl ein Schatz von Erfahrungen sind, aber jeder Sterbende seinen eigenen, ganz persönlichen Tod stirbt.

Wir sprechen noch über die bevorstehende Erstkommunion der Enkelin, die Frau Zapf gerne noch miterleben will. Dann wird sie müde, und ich verabschiede mich.

Zweiter Besuch

Frau Zapf ist heute wacher als das letzte Mal und interessiert sich für unsere Arbeit. Sie fragt immer wieder danach, wie es anderen Menschen geht und wie ich diese Arbeit bewältige. Sie erzählt, dass sie immer für Andere da war, aber jetzt könne sie nichts mehr tun. Ich spüre, wie schwer es für sie ist, das zuzulassen und auszuhalten. Sie sieht keinen Sinn in ihrer langen Leidenszeit. Nachdem ich mich verabschiedet habe, fühle ich mich unsicher – ich konnte nicht deutlich spüren, über was Frau Zapf mit mir sprechen wollte. Es bestand eine Spannung, die ich nicht verstehen konnte.

Zwei Tage später ruft mich der Sohn an. Die Mutter sei von den Gesprächen enttäuscht gewesen. Auf meine Frage, was sie erwartet haben könnte, erzählt der Sohn, dass sie oft mit Wehmut darüber nachdenken würde, was die Familie wohl tun würde, wenn sie nicht mehr da sei. Sie könne aber mit ihrem Mann wenig über das reden, was sie wirklich beschäftige. Wichtig sei ihr auch, dass sie noch an der Kommunion teilnehmen könne.

Der Anruf des Sohnes erschreckt mich zunächst, und ich frage mich, was ich versäumt oder was ich Wichtiges überhört habe.

Dritter Besuch

Frau Zapf sitzt im Sessel. Sie wirkt teilnahmslos, ohne Kraft. Als ich sie darauf anspreche, sagt sie, der Tag sei so lang, warum sie denn nicht sterben dürfe, sie sei ja nur eine große Belastung für die Anderen. Ich sage ihr, dass es viele Menschen gäbe, die froh seien, dass sie noch da sei. Und dass ihr Dasein vielleicht dadurch einen Sinn habe. Ich würde die Freude und den Dank über ihr Dasein bei den Anderen spüren, und auch für mich sei es immer ein besonderer Tag, wenn ich zu ihr ginge. Sie freut sich, lächelt, schaut aber etwas ungläubig, als sie hört, dass sie für Andere wichtig sei.

Vierter Besuch

Herr Zapf begrüßt mich auf seine höfliche und scheue Art. Als ich mit seiner Frau alleine bin, sagt sie gleich, dass sie eine so große Belastung für ihren Mann sei. Die Tage sind so langweilig, weil sie kaum noch etwas tun kann. Früher habe sie viele Handarbeiten gemacht. Sie würde so gerne flicken, für die Tochter, aber das alles sei ja nun nicht mehr möglich.

Frau Zapf hofft sehr, in der Kirche an der Kommunion teilnehmen zu können, vielleicht in einem Rollstuhl. Aber was ist, wenn sie da gerade sterbe? Gott sei ihr in dieser Zeit jetzt gerade sehr nahe. Sie spreche oft mit ihm, hadere aber auch immer wieder mit ihm und frage ihn, warum er dieses lange Leiden zuließe.

Sie erzählt, dass sie so viele unangemeldete Besuche von Nachbarn, Freunden und Verwandten bekommt. Das sei ihr oftmals zuviel.

Auf dem Heimweg begleiten mich Herr und Frau Zapf innerlich. Ich sehe deutlich, welch großer Kontrast zwischen den Eheleuten besteht: Der kranke, abgemagerte Körper von Frau Zapf, der in seiner Hinfälligkeit eine ganz eigene Schönheit ausstrahlt. Diese Schönheit, die mit den gewohnten Maßstäben kaum messbar ist. Herr Zapf wirkt neben ihr mit seiner großen aufrechten Gestalt gesund und lebensstark. Den Leidensweg seiner Frau mit anzusehen, geht oft über seine seelischen Kräfte.

Fünfter Besuch

Sie mag nicht mehr so viel essen, ihr Mann kocht so viel, damit sie bei Kräften bleibt, aber sie könne doch gar nicht mehr alles essen. Er schaut traurig, als ich ihn später darauf anspreche.

Ich sitze dann noch lange – auch schweigend mit Frau Zapf zusammen. Ich spüre, wie wichtig es ist, auch uns beiden Zeit zu lassen. Mein Gefühl, immer etwas Hilfreiches tun zu müssen oder zu sagen, schwindet langsam.

Der Sohn ruft an. Der Vater sei krank. Er sorgt sich, dass der Vater zusammenklappt. Ich biete meine Hilfe an, dass ich auch öfter kommen könne.

Sechster Besuch

Sie wird immer schwächer, liegt im Bett und wartet! Wieder klagt sie, dass ihr Mann so viel koche und sie es gar nicht zu sich nehmen könne.

In zwei Tagen ist die Erstkommunion, aber ich spüre, dass ihr das Dabeisein gar nicht mehr so wichtig ist.

Das Warten! Ich glaubte manchmal, ich müsse ihr die Wartezeit mit Inhalt füllen, müsse etwas tun, um ihr die Zeit erträglicher zu machen.

Siebter Besuch

Frau Zapf wird immer schwächer. Sie nimmt aber noch Anteil am Geschehen um sie herum. Die Kommunion am letzten Sonntag lag für sie schon weit in der Ferne. Ein wenig Trauer war spürbar, dass sie nun doch zu schwach war, um dabei zu sein.

Unser Zusammensein ist geprägt von der Frage, warum Gott sie nicht hole. Sie bitte ihn so oft darum, aber er tue es nicht – warum? Wir wissen beide keine Antwort darauf, und für mich war es schwer, das angesichts ihres schmerz- und leidgeprüften Körpers auszuhalten.

Auf ihre Bitte lese ich ihr Texte vor – spreche den 23. Psalm. Noch nie habe ich die Worte so tief mitempfunden wie in diesem Moment, und sie waren von der Hoffnung begleitet, ihr mit diesen Worten Kraft für die Zeit des Wartens zu geben. Ihre Augen sahen oft in die Ferne, und ich spürte, wie weit weg sie mit den Gedanken war.

Achter Besuch

Das Warten wird so lang! Beide haben inzwischen miteinander über ihre Wünsche zur Beerdigung gesprochen. Das Leben war schlicht. So soll auch die Beerdigung sein. Herr Zapf fragt mich nach den Bestattungsmöglichkeiten und ob nachts gleich jemand kommen müsse, wenn seine Frau gestorben sei, um sie abzuholen. Ich spüre seine Furcht vor diesem Moment und frage, wen er anrufen könne, wenn es so weit sei. Nachdem sich herausstellte, dass seine Söhne mit ihren Familien in die Ferien fahren werden, fragt er mich, ob er auch mich anrufen könne, was ich bejahe. Ich spüre, dass ich froh bin, dass er um mehr Hilfe fragt, da mich oft das Gefühl begleitet, zu wenig tun zu können.

Neunter Besuch

Sie begrüßt mich lächelnd – seit langer Zeit wieder das erste Mal. Sie wirkt gelöst und gelassen. Das Thema Essen ist immer noch ein Problem, eigentlich möchte sie es nicht mehr. Ich gehe zu ihm in die Küche und spreche mit ihm über das Essen, wie liebevoll er das mache, aber dass sie so wenig davon brauche. „Ich tue es gerne", sagt er. „Was kann ich sonst auch machen? Ich kann ihr ja anders nicht helfen", sagt er traurig.

Frau Zapf ist ruhiger geworden. Sie zieht sich immer mehr in sich zurück. Sie möchte einen Psalm hören und ich lese ihr „Lobe den Herren, meine Seele" vor. Herr Zapf ist katholisch und ist nicht einverstanden, dass man Gott fürchten soll. Ich versuche, das Wort in andere Bilder und Begriffe zu erweitern.

Zehnter Besuch

Frau Zapf saugt sich Flüssigkeit aus einem Tuch, weint, sagt, dass es zuviel für ihren Mann sei. Der Arzt habe gesagt, sie müsse ins Krankenhaus, weil die Bauchdecke weiter aufgehe. Sie würde es ihrem Mann zuliebe tun wollen, aber er wolle es gar nicht. Er möchte, dass sie bei ihm zuhause ist, und er will alles für sie tun. Ich biete ihnen auch Nachtwachen an.

Einige Tage später ruft mich der Sohn an und fragt, was sie mit der Urlaubsreise machen sollen, die sie schon so lange geplant und gebucht haben. Früher haben sie immer alles getan, was die Mutter sagte. Jetzt müssten sie eine Entscheidung fällen, die vielleicht gegen die Mutter gerichtet ist. Es sei sehr schwierig für sie. Ich bitte ihn zu versuchen, den Dingen ihren Lauf zu lassen, jetzt noch keine Entscheidungen zu treffen, sondern zu warten. Jetzt sei es vielleicht wichtig, innerlich ganz da zu sein, und in den nächsten beiden Wochen, bis der Urlaub beginne, würden sie sicher spüren, was richtig sei.

Frau Zapf starb drei Tage nach diesem Gespräch.

Er bat mich inständig, ihm Gift zu geben

Herrn Maurer kenne ich schon seit vielen Jahren. Heute kam ich mit ihm ins Gespräch über Sterben und Tod. Am Ende des Gesprächs sagte er mir, dass er mich, wenn es für ihn ans Sterben ginge, gerne bei sich hätte.

Da seine Katze heute sterbenskrank war, war Herr Maurer in einer traurigen Verfassung. Ohne die Katze sei sein Leben sinnlos, er wolle dann auch nicht mehr leben. Er erzählt, dass er sich vom Verein „Humanes Sterben“ Unterlagen hat kommen lassen. Er fürchtet sich vor Krankheit, Schmerzen und Tod. Er hatte beim Tod seiner Schwester „Schlimmes“ erlebt.

August: Heute fragte mich Herr Maurer, ob ich ihm im „Ernstfall“ helfen würde, in Würde seinen eigenen Tod zu bestimmen. Ich bin erschrocken. Auf mein Zögern hin will er es „als vergessen betrachten“.

September: Ich erfahre, dass er auf die neurologische Station einer Klinik eingeliefert wurde. Schmerzen und unkontrollierbare Bewegungsanfälle plagen ihn. Diagnose: Gehirntumor – Bestrahlungen – Verzweiflung – Bewegungsunfähigkeit. – Wie kann es weiter gehen?

1. Dezember: Ich habe ihm mehrmals geschrieben, oft telefoniert, ihn heute besucht. Er weint, entschuldigt sich, klagt – entschuldigt sich, plant – verwirft, spricht vom Krankenhauskoller. Er will nicht ins Altersheim!

5. Dezember: Herr Maurer wird nach Hause entlassen. Ich telefoniere mit der Tochter, die zurückhaltend ist.

9. Dezember: Herr Maurer hatte vor drei Tagen wieder einen so furchtbaren Krampfanfall, dass er vom Hausarzt in die Klinik eingewiesen wurde. Bei meinem Besuch steht er offenbar unter starken Beruhigungsmitteln, weiß nichts mehr von den vergangenen drei Tagen. Er freut sich über mein Kommen und hält meine Hand.

11. Dezember: Ich mache einen Besuch im Krankenhaus. Er hat Sehnsucht nach Hause. Herbstgedichte fallen ihm ein, Kindheitserinnerungen. Immer wieder gibt es Auseinandersetzungen mit „der Kirche". Beim Abschied umarmen wir uns.

15. Dezember: Er freut sich, als er mich sieht, und spricht unvermittelt von seiner großen Sehnsucht, sterben zu können. Die Frage bewegt ihn, ob die Bitte darum „Sünde" sei. Er fragt mich nach meiner Meinung darüber.

Er sagt, wie viel Schönes er in seinem Leben gehabt habe, will Abschied nehmen und bedankt sich „für alles, falls wir uns nicht mehr sehen."

26. Dezember: Ich helfe ihm beim Abendbrot. Er ist sehr traurig. Er kann den Gedanken, nie mehr gehen zu können, gar nicht zu Ende denken. Wieder kommt die Sehnsucht, sterben zu dürfen. „Wenn ich sage, ich muss einen Tag um den anderen überstehen, soll das nicht heißen, dass ich am Leben klebe."

2. Januar: Herr Maurer fragt mich, für was denn dieses Leiden gut sei? „Zur Ehre Gottes?" Außer Verzweiflung ist bei ihm auch viel Anklage zu spüren. Er bittet mich inständig, dafür zu sorgen, dass er mehr Beruhigungsmittel bekomme.

5. Januar: Er ist sehr müde, hat Mühe, die Augen zu öffnen und spricht nur sehr leise.

8. und 10. Januar: Es sind nur sehr kurze Besuche bei ihm möglich.

13. Januar: Heute bin ich sehr lange bei ihm, die Sonne scheint wunderbar. Er hält meine Hand und spricht von der Sonne „als Symbol für das Leben".

14. Januar: Mein Besuch heute bei Herrn Maurer war aufregend. Es löste sich die Infusionsnadel und alles verblutete. Herr Maurer war die ganze Zeit sehr ruhig, fast heiter. Er wundert sich selber, dass er sich „über nichts mehr aufregt".

20. Januar: Herr Maurer schläft und wacht auch nicht auf, als ich versuche, ihn anzusprechen.

24. Januar: Heute war es ein langer und bewegender Besuch bei Herrn Maurer. Zunächst hatte ich den Eindruck, er sei ganz verwirrt. Aber bei genauem Hinhören verstand ich sehr gut, was er sagen wollte. Er war sehr unglücklich, er bemerkte, „dass seine Gedanken nicht mehr so geordnet sind, so wie er es haben möchte". Er machte sich Sorgen um seine Tochter, die zur Zeit auch krank ist. Deshalb kann er auch nicht mehr nach Hause, nicht einmal den Wunsch danach äußern. Es sei doch schlimm, dass er nun ein „Dauerpflegefall" werde.

27. Januar: Ich finde Herrn Maurer ganz wach und zufrieden. Er sucht wieder nach einem Sinn seines Leidens. Er ist dankbar, dass es der Tochter wieder besser geht.

29. Januar: Er schläft.

3. Februar: Heute ist er wieder ganz wach und bewusst. Er fragt mich immer wieder, wozu er noch lebt. Er wirkt aber insgesamt gelassener.

5. Februar: Heute ist er einfach zufrieden.

10. Februar: Herr Maurer wurde ins Altenheim verlegt. Heute besuche ich ihn dort zum ersten Mal. Es war erschütternd und schmerzlich für mich. Er hatte Schmerzen, zitterte und weinte. Er bat mich inständig, ihm Gift zu besorgen, er könne es dann alleine nehmen. Schon lange habe ich mich vor dieser Bitte gefürchtet. Jetzt bin ich aufgeregt und traurig, und ich spüre Tränen. Ich will ihm das Gift nicht besorgen, ich kann es ihm nicht geben. Es würde mich mein Leben lang belasten. Ich kann unmöglich sein Leben beenden.

Wir weinen beide, halten uns die Hände und sprechen miteinander. Ich bleibe lange bei ihm. Erst als er wieder ruhiger ist, gehe ich.

Es belastet mich noch zusätzlich, dass er immer wieder starke Schmerzen hat und offenbar zu wenig Schmerzmittel bekommt. Zu Hause spreche ich mit der Tochter darüber, und sie will erneut mit dem Arzt sprechen.

21. Februar: Heute war Herr Maurer sehr ruhig. Ich gab ihm zu trinken und etwas Obst. Er sprach von vielen Menschen, nannte Namen von Personen, über die er sich freute. Wieder bedankte er sich, dass ich kam. Beim Abschied umarmten wir uns zärtlich: „Wir geben uns immer viel zu wenig Zeichen der Zärtlichkeit." Ich versprach ihm wiederzukommen, sobald ich könne …

Am ersten März abends starb Herr Maurer.

Die Fäden des Lebens kommen immer mehr in die Sichtbarkeit

Entzogen von den vielen äußeren Eindrücken und Impulsen, denen wir im alltäglichen Leben immer wieder begegnen, die uns aber auch von uns selbst ablenken, kommen dem Sterbenden häufig viele Erinnerungen an sein Leben. In Träumen, im Halbschlaf oder auch in Gesprächen hält er Rückblick auf sein Leben, zieht gleichsam Bilanz.

Wir erfahren in der Begleitung oft, dass der Sterbende gleichsam monologhaft spricht, dass er in uns den Raum finden möchte, sich selbst, seinem Leben, seinen Erinnerungen zu begegnen. Es mag ein Raum der sanft teilnehmenden Stille sein, der es ihm ermöglicht, Erinnerungen in sich aufsteigen zu lassen, die Anwesenheit eines „Du", eines Menschen, in dem er sich selbst begegnen kann. Und dann geschieht es häufig, dass Ordnungen, Muster, Zusammenhänge und Sinnhaftigkeit erkennbar werden, dass alte Dinge sich zueinander fügen und alte Schulden in einem anderen, sinngebenden Zusammenhang angenommen werden können.

Manchmal belasten den sterbenden Menschen Schuldgefühle oder Konflikte, die er noch klären möchte. Nicht immer müssen oder können diese Konflikte oder Schuldgefühle gelöst werden. Häufig können alte Wunden heilen, einfach dadurch, dass der Sterbende den Erinnerungen Raum gibt und versucht, sich, sein Verhalten und das des anderen Menschen zu verstehen. Einige Sterbende machen diesen Rückblick in der Stille und ganz für sich allein – anderen wiederum hilft die Anteilnahme und das Verstehen einer anderen Person.

Mutter und Tochter

Die erste Begegnung findet nicht mit der Kranken selbst, sondern mit ihrer Familie statt.

Die Tochter hatte mich am Vorabend angerufen und um ein Gespräch gebeten.

Frau Pelcov, ihre Mutter, sollte gestern am Magen operiert werden – aber da der Krebs zu weit fortgeschritten war, „machte man sie gleich wieder zu."

Seit einem Jahr hat Frau Pelcov Magenbeschwerden. Ein Jahr mit vielen Arztbesuchen begann. Keiner konnte die Ursache finden. Dann wurde ihr nahegelegt, dass die Beschwerden „psychosomatisch" seien.

Für sie war dieser Verdacht sehr belastend gewesen, bis man schließlich jetzt die Ursache, – Krebs – erkannt hatte.

Die Familie erlebte das Gespräch über ihre Sorgen, ihre Trauer und Ängste als wohltuend und entlastend.

Herr Pelcov kämpfte mit den Tränen. Sie beide hatten dreißig Jahre eine sehr nahe und gute Ehe geführt. Er fragte: „Wie kann ich meiner Frau vermitteln, dass ich es auch alleine schaffe, dass sie sich nicht sorgen muss?" Die Familie möchte es Frau Pelcov ermöglichen, zu Hause zu sterben. Ihr Mann hat noch restlichen Urlaub. Die Tochter will sich dann beurlauben lassen.

Ich besuche Frau Pelcov im Krankenhaus. Sie ist eine zierliche, kleine Frau, mit schönen großen Augen. Wir mögen uns beide gleich.

Das ist immer wieder ein Geschenk: dieses Vertrauen, das uns von einem sterbenden Menschen entgegengebracht wird – ohne viele Umstände, spontan, offen und direkt. Im Gespräch hält sie immer wieder meine Hand, dann die Hand ihres Mannes. Es ist viel Liebe und Zuneigung zwischen ihnen.

Eines bedrückt Frau Pelcov noch sehr: Die Beziehung zu ihrer Mutter ist belastend und schwierig. Sie haben sich lange nicht gesehen. Nun hatte die alte Mutter gegenüber ihrem Enkel den Wunsch geäußert, ihre Tochter, Frau Pelcov, noch einmal zu sehen.

Frau Pelcov selber möchte es, hat aber Angst vor dieser Begegnung.

Sie bittet mich, ob ich dabei sein könnte, dann würde sie sich sicherer fühlen. Ich bin gerne dazu bereit. Wieder staune ich dankbar über dieses Vertrauen. Leider muss ich jedoch am nächsten Tag für eine Woche verreisen.

Ob eine Woche zu lang sein wird?

Die Begegnung von Mutter und Tochter findet dann eine Woche später statt.

Frau Pelcov ist sehr viel schwächer geworden. Sie hat Schmerzen und Durst – aber trinken kann sie nicht mehr – nur noch den Mund spülen. Sie ist zu Hause und liegt in dem großen Ehebett.

Viele Tränen werden geweint, es gibt auch Anschuldigungen und den Ausdruck von negativen Gefühlen, aber daneben gibt es ebenso Momente der Versöhnung und der Liebe.

Nach dem Besuch ist Frau Pelcov erleichtert, aber auch sehr erschöpft. Sie steht noch einmal auf, sitzt mit uns im Rollstuhl am Kaffeetisch. Das letzte Mal, dass sie dazu die Kraft hat.

Ich spreche noch mit dem Ehemann und der Tochter. Es ist nicht selbstverständlich und sehr schön, wie sie sich in dieser Zeit gegenseitig unterstützen. So erleben sie nicht nur Zeiten des Schmerzes, der Trauer, des Abschiednehmens, sondern auch der gelebten Zuneigung.

In den nächsten drei Tagen verliert Frau Pelcov immer mehr an Lebenskraft. Die Schmerzen nehmen zu. Sie braucht mehr Schmerzmedikamente, hat weniger Kraft und zieht sich immer mehr von dieser Welt zurück.

Am dritten Abend, kurz vor Mitternacht, löst sie sich ganz von ihrem Körper. Die Kinder und der Ehemann, der neben ihr liegt, sind bei ihr. Kurz bevor sie geht, dreht sich Frau Pelcov zu ihrem Mann, sodass ihr Gesicht in seiner Hand ruht, öffnet die Augen und schaut alle drei mit strahlendem Blick an.

Ein wunderbares letztes Geschenk für die von ihr geliebten Menschen.

Klären, versöhnen und Ruhe finden

Mitte März

Die Nachbarn haben den Schlüssel, übergeben ihn bereitwillig und vertrauensvoll. Wir betreten die Souterrainwohnung, schließen leise die Tür hinter uns. Aus einem etwas unordentlichen Zimmer lächelt uns eine Frau entgegen.

Das zarte Greisinnengesicht, die schmalen, von Venen gezeichneten Hände liegen oben auf der Bettdecke, unter der ein hochgewölbter Bauch zu ahnen ist. Die Hand streckt sich uns entgegen, wir begrüßen einander, nehmen einander gegenseitig mit dem ersten Blick an, für diese letzte Phase ihres Lebens.

Vertrauen, Ruhe, Gelassenheit strahlt uns entgegen.

Frau Kilian ist fünfundsechzig Jahre alt, alleinstehend und hat seit neunzehn Jahren Krebs. Einstmals war sie freie Journalistin und auch Malerin gewesen. Nun war sie im „Endstadium" – Metastasen in der Leber.

Das ist es, was wir von ihr wissen. In kurzer Zeit werden wir von ihr, und auch sie von uns, sehr viel mehr wissen, anvertraut bekommen, erfahren.

„Schauen Sie sich erst einmal um, ziehen Sie alle Schubladen auf, damit Sie wissen, wo alles ist."

Direkt, sachlich, einfach reagiert sie auf uns, die fremden Menschen, die da in ihr Sterben treten.

Sie ist es inzwischen gewohnt, mit fremden Menschen umzugehen, dem Menschlichen zu vertrauen, Hilfe anzunehmen und zuzulassen. In den letzten Monaten hatte sich eine kleine Gemeinschaft von Menschen, Frauen aus der Nachbarschaft, zusammengefunden, um das Nötigste zu übernehmen.

Frau Kilian möchte, obgleich sie alleinstehend ist und keine Verwandten mehr da sind, zu Hause sterben.

Ein warmes Süppchen zum Abendessen. Aus ihrem Bett gibt sie genaue Kochanweisungen: Brühwürfel, Haferflocken, ein klein wenig von der übrig gebliebenen Zucchini.

Es gehen Fragen hin und her, durch die geöffnete Tür zum Bett hin und zur Küche. Wunderbar selbstverständlich, so einander nah und vertraut zu werden.

Beim Löffeln der Suppe, die ihr gut schmeckt, stellt sie die Frage, warum es denn wohl so lange ginge mit dem Sterben. Die Frage ist ohne innere Unruhe oder Auflehnung gestellt, mit der gleichen Stimme, wie kurz zuvor die Bemerkung, es müssten noch Himbeeren im Kühlschrank sein. „Ja, mit Yoghurt möge sie sie."

Auf die Frage, ob sie Schmerzen habe, antwortet sie mit ein wenig Zögern in der Stimme, so als fühle sie in den teilweise fernen Körper zurück: Es sei erträglich, sie nähme dreimal täglich Morphin.

Das Denken ginge so langsam, ach, alles sei nun viel langsamer, und das verstünden die Menschen von draußen nicht, die hätten es alle so eilig, und sie frage manchmal einen von diesen „Eiligen", warum sie denn so hetzten.

Ich empfinde, dass die Worte von Sterbenden oft einen viel „tieferen Hall" haben, sie sind häufig viel wahrer als die unseren, die wir so oft auch an der Wahrheit vorüberhetzen.

Im Nebenzimmer stehen einige Blumensträuße, die wohl liebevolle Besucher mitbrachten. Ich trage sie in die Küche, wechsle das Wasser und sortiere die verwelkten für den Mülleimer aus. In der Nähe der siechen Kranken bekommen viele winzige Einzelheiten, Alltäglichkeiten plötzlich eine unvermutete Tiefe. Ich denke beim Richten der welken Blumen an den Leib von Frau Kilian, der unaufhaltsam dem Verfall entgegengeht.

Schmerz der Vergänglichkeit durchzieht mich für Augenblicke. Auf dem Weg zurück ins Wohnzimmer gehe ich an ihrem Bett vorbei und frage, ob sie einmal den schweren Duft der Hyazinthen riechen möchte. Während das Blumenwasser ein klein wenig auf ihr Bett tröpfelt, schaut sie mich versonnen an, nachdem sie den Geruch tief in sich gesogen hat, sagt sie: „Welches Abendmahl! Es gibt ja nichts, was man in einem Abendmahl nicht tun könnte."

Der Satz ist von einem unergründlichen Lächeln begleitet.

Frau Kilian hatte geäußert, dass sie gerne jemanden ruhigen zu ihrer Begleitung möchte, jemanden, der nicht so viel redet. Immer wieder erinnern wir uns daran, überprüfen uns. Aber schon nach einer Stunde entspannen wir uns, fühlen uns ruhig und gut.

Wie schnell können sich Menschen nahe kommen, wie wenig steht eigentlich zwischen ihnen.

Es ist Abend geworden. Die Rollläden werden heruntergelassen. Wir sitzen am Bett. Es fließt eine ruhige, lebendige Unterhaltung. Frau Kilian erzählt von sich, wie das war, als die Brust abgenommen worden war. „Ja, ja", sagt sie versonnen, „ich habe mich dann schon neunzehn Jahre lang mit meinem Körper angefreundet ... und ihr, meine lieben Hände, habt so viel für mich getan ...", dabei streichelt sie sich selber, die feinen, transparent gewordenen Hände.

Der von der Krankheit so gezeichnete Körper wird unruhig. Es ist zu heiß unter dem dicken Federbett. Die abgemagerten Beinchen kommen ans Kühle. Ja, die stürben langsam ab, bemerkt sie, sie könne es jeden Tag ein bisschen mehr fühlen. Die Frage ist nahe, liegt in der Luft: „Haben Sie Angst vor dem Sterben?"

„Nein, nein" kommt es lächelnd, im Gegenteil, sagt sie und fährt fort: „ich glaube, dass nur der Körper stirbt, ich bin davon fest überzeugt, der Geist, der geht ..." Es folgt wieder ein Sinnen, so als verfolge sie im Innern die Reise des Geistes, um sie zu beschreiben.

„Ach wissen Sie, ich denke, das ist alles so geordnet ... ich möchte gerne, dass mein Geist zu den Sternen geht, zu den fernen, winzigen Sternen ... ich schaue oft nachts an den Himmel, das sind ja so viele ...!"

In diesen wenigen Stunden ist so viel gesagt worden; es ist genug gesagt worden, das fühlen wir deutlich. Sie legt sich schlafen. Wir setzen uns noch ein wenig still auf zwei Stühle, schließen die Augen. So hatte sie es sich gewünscht: „Bleiben Sie einfach noch ein bisschen still da, bis ich eingeschlafen bin."

Wunderbares Schweigen, die Zeit erfüllt sich mit ihrem ruhigen Atem.

Leise wecken wir sie noch einmal, fragen, ob alles zur Nacht da sei. Sie lächelt zufrieden. Wir geben noch einen zärtlichen „Gute-Nacht-Kuss" auf die schönen Hände, im Dunkeln sehe ich Tränen in ihren Augen, Tränen der Dankbarkeit. Wir ziehen leise die Wohnungstür hinter uns zu.

Ja, wir kommen wieder, morgen sehen wir uns wieder.

Lebensstationen, Frau Kilian erzählt: Vierzehn Jahre lang hat sie ihre Mutter tagsüber gepflegt, nachts hat sie Artikel geschrieben. Heute ist Frau Kilian Sozialhilfeempfängerin.

Heute liegt Frau Kilian versöhnt im Bett, kann nicht fassen, wie viel Liebe ihr von Menschen entgegenkommt.

Die Bettdecke wird zurückgeschlagen. Frau Kilian hatte vorher mit einem fragenden Blick gesagt: „Sie können doch etwas aushalten? Ich kann Ihnen meinen Bauch zeigen?“ Dabei hatte sie gelacht und gesagt: „Wie eine Schwangere komme ich mir vor, aber er spannt so! Nein, Kinder habe ich keine gehabt, ich wollte auch keine. Wissen Sie, der Krieg war ja gerade vorüber.“

Ich lege behutsam, aber doch fest meine beiden Hände über die Wölbung des Bauches. Beide erleben wir miteinander diese Festigkeit und Glätte des gespannten Leibes. Die Haut ist stark gelblich gefärbt. In diesem Augenblick empfinde ich sogar etwas von der Schönheit, die ein gezeichneter Körper haben kann. Die Liebe zum Leben, das zärtliche Mitgefühl, lässt uns beide für ein paar zeitlose Momente diesen duldenden Körper streicheln.

19. März

„Ach, heute ist mir einfach traurig zumute“, das ist ihre Antwort auf unsere Begrüßung. Es ist nicht etwas Besonderes, was sie betrauert, nein, sie formuliert es selber so, ein wenig nach den rechten Worten suchend: „Ich glaube, ich habe jetzt meine Trauerzeit.“

„Ja“, etwas Schönes habe sie am Wochenende erlebt ... „Na, ja, schön?“... sie lächelt ... „doch es war schön, ... ich habe weinen können, so richtig weinen, in den Armen von jemandem.“

Auch heute Abend ist „Trauertag“, und ein wenig vielleicht auch „Bittertag“ und „Fragetag“.

„Warum kann ich noch nicht sterben?“

Dabei fällt mir auf, jedes Mal, wenn ich zu ihr komme, ist ein „anderer Tag“, keiner ist wie ein vorangegangener, es liegt wie eine Melodie über diesem heutigen, wie ein Thema, das dann wohl gerade gelebt sein will.

Heute wird geordnet, Schuld und Schulden bedacht, es gibt Dinge, die nicht in Ruhe lassen, die noch nicht gehen lassen ...

Bei ihrem Abendsüppchen bleibt der Löffel immer wieder

schwebend über dem Tellerrand, weil die Gedanken und die zu formulierenden Worte die Aufmerksamkeit in die vergangenen Nächte ziehen.

Sie sei dann in einer Art Gegenwelt, beschreibt sie. Wir verstehen erst nicht so recht, langsam lässt sich ahnen, was sie des Nachts erfährt.

Es sei nicht schön, da seien so Gesichter oder Fratzen, die seien hämisch und würden lachen und ihr bedeuten, dass das mit dem Geld doch so sei ..., dass es wichtig sei und glücklich mache und so „kapitalistisches Zeug", fasst sie zusammen.

Beim Ordnen und Räumen stoßen wir auf eine Tüte mit Reproduktionen von Bildern. Ich betrachte die zauberhaften, phantasievollen kleinen Bilder. Was wird aus ihnen werden? Die innere Welt eines Menschen, sein ihm gehöriges inneres Reich, seine Phantasie. Sie schuf sich eine eigenständige Bilderwelt, eine Welt jenseits der Realität des Alltags, die sie vielleicht manchmal nicht mehr ertragen mochte. Sie erzählt, sie habe in ihrem späteren Leben tagsüber geschlafen und nachts, wenn alle Anderen schliefen, gemalt und gezeichnet.

Nachdenklich und traurig gehe ich der Frage nach, was denn aus diesen Dingen wird, die wir zurücklassen und die uns einmal so lieb und wichtig waren.

Frau Kilian denkt darüber nach, wie man die Zeichnungen vielleicht noch umsetzen kann, auf einem Basar verkaufen ..., und das Geld dann Sozialhilfeempfängern zu Gute kommen lassen.

„Vielleicht für ein bisschen Luxus"... sie lächelt vor sich hin. Nun ist für heute genug gearbeitet. Es folgt unser Ritual des Abends. Mit einem wohlduftenden Körperöl reiben wir ihr den Körper ein. Die Füße, die ausgedörrten Beine, das wundgelegene, dünnhäutige Gesäß, die Arme und zum Schluss das Gesicht, was sie ganz besonders genießen kann.

Aus dem Einreiben wird ein Streicheln. Auch wir haben die Augen geschlossen und genießen das Strömen von Liebe und Zärtlichkeit. Immer leiser wird das Streicheln, bis die Hände ruhig liegen bleiben in einer stillen Zwiesprache.

Von diesem Zeitpunkt an gehen wir nicht mehr zu zweit zu Frau Kilian. Wir wechseln uns ein- über das andere Mal ab.

21. März

Wie bei einem zerschlissenen Teppich werden die Fäden des Lebens immer deutlicher sichtbar. Es steht nichts Drängendes dahinter, es sind die Worte, die Bilder, die im wachsenden Vertrautsein in die Dämmerung und Abendstille fallen.

„Mein Dasein jetzt, diese Zwischendimension", sagt sie, „die heißt – Aufarbeiten und Klären, Abschließen und Ruhe finden."

„Herr, lass mich nicht aus Deiner Gnade fallen, das war das Gebet einer Vierjährigen, das ist es heute noch. Mehr bedarf es eigentlich nicht."

„Heute habe ich erkannt, dass mein Partner der liebste Mensch der Welt war", sagt sie heute ganz strahlend und wie erlöst.

„Wissen Sie, als ich schon krank war, ich war ja eigentlich nur noch eine Frau mit Krebs, da hat er eingekauft und gekocht und alles sauber gehalten, und dann haben wir auch noch gesprochen. Wenn ich daran denke, schäme ich mich heute. Ich habe so viel verlangt von ihm, zu viel, wollte immer noch anderes. Ich habe zu viel gefordert, ich hätte ihn mehr nehmen sollen wie er war, er konnte ja gar nicht anders.

Er starb vor fünf Jahren in einem Pflegeheim. Es war gut, dass er vor mir starb, er war der verletzlichere von uns beiden."

Wird auch hier eine Wunde geschlossen, die lange offen war?

„Manchmal nachts, da habe ich das Gefühl, dass er da ist, ganz nah. Ich weiß nicht, vielleicht ist es auch ein Traum ..." Sie sinnt nach: „Ach, es ist auch egal, vielleicht ist da gar kein so großer Unterschied."

Gedankenverloren fährt sie fort: „Da zupft er mich."

Auf meine Frage, wie das denn zu verstehen sei, beschreibt sie, indem sie mit ihrer Hand im Abstand von ungefähr fünf Zentimetern über ihren Körper streicht: „Das ist so, als wenn wer mich da berühre, aber nicht direkt auf dem Körper, – und ich sage – hallo, bist du mein Engel?"

Das heutige Vergnügen besteht im abendlichen Zähneputzen und Händewaschen. Wie ein Kind und doch auch wieder mit der Reife eines leidenden Menschen, planschen ihre Hände in der Schüssel mit warmem Wasser. Sie freut sich an dem herben Duft ihrer Lieblingsseife.

„Wie einfach es ist, glücklich zu sein“, sagt sie.

Und ich lächle dankbar, als ich nach längerer Zeit das Wasser forttrage.

26. März

Das nun schon so vertraute Gesicht verändert sich von Tag zu Tag. Ich sehe sie jedes Mal neu und bewegt, mein Blick tastet über ihre Züge, erkennt neue Vertiefungen des bisher gekannten Menschen. Das Gesicht wird in seiner Zeichnung ernster, aber auch wesentlicher. Es scheint, als fiele alles nicht so Bedeutsame immer mehr ab.

Heute ist die starke Gelbfärbung ihres Körpers nun auch in ihre Augen gezogen. Aber im Erkennen meiner Person wird sie lebendig wie in den Tagen zuvor.

Heute stehen zwei Sorgen, ja Ängste, die sich langsam im Gespräch herausschälen, im Mittelpunkt.

„Ich habe damals schon zu meinem Freund gesagt, vor vielen Jahren war das, dass ich – mit den Füßen zuerst – diese Wohnung verlassen möchte.“

Sechsundzwanzig Jahre bewohnt sie diese Dreizimmerwohnung. Sie liebt die Gegend, in der sie so lange lebt, liebt den Blick aus ihrem Fenster. All das ist ihr Heimat und Geborgenheit. Sie hatte in ihrer Jugend Berlin verlassen müssen und dann Thüringen im Krieg und später dann die Notunterkunft in Bayern. Sie hatte viel mitgemacht. Nein, sie wolle nun nicht mehr fort aus ihrer Wohnung, sie wolle nicht in ein Krankenhaus, und sie hoffe, dass sie es schaffen werde ...

In ihren Worten kann ich Sorgen und Ängste spüren. Die Angst, dass man über sie verfügen werde, aus irgendwelchen technischen oder medizinischen Gründen. Wir sprechen darüber, ruhig und lange.

Ich versichere ihr, dass wir alles tun werden, dass das nicht geschieht. Ob ich sie beruhigen kann, ob ich ihr wirklich ihre Sorge nehmen kann, weiß ich nicht.

Die andere Angst, über die sie heute sprechen möchte, hat ihre Wurzeln in einer vergangenen Lebensphase. „Die Angst vor der Klapsmühle“, wie sie es nennt. Frau Kilian hatte einmal einen Aufenthalt in einer psychiatrischen Abteilung erlebt. Sie ist damals „ruhig gestellt“ worden und hat das sehr belastend in Erinnerung.

Gegenwärtig nimmt sie wahr, dass sich ihre Sprache verlangsamt und manchmal verwirrt. Die Sätze kommen nicht mehr immer in der gewohnten geordneten Weise. Sie führt das auf die Einnahme des Morphin zurück, das sie sowieso halb annehmend und halb ablehnend einnimmt.

Sie möchte so gerne so lange wie möglich klar bleiben, den Tod bewusst erleben!

Wir gehen im Gespräch der Sprachveränderung nach, untersuchen sie, stellen fest, dass es sich vorwiegend um eine Verlangsamung des Denkens und Sprechens handelt. In dieser Verlangsamung ist dann eben der Anfang des begonnenen Satzes schon wieder entfallen.

Ich sage ihr, dass das, was sie sagt, von einem aufmerksamen Zuhörer verstanden wird, man müsse sich nur auf sie und die Verlangsamung einstellen.

Ich kann spüren, dass dieses Gespräch die tief verwurzelte Angst hat nehmen können. Ich bin froh und dankbar darüber.

Heute lassen wir das Dämmerlicht länger durch die geöffneten Fenster herein als sonst und genießen gemeinsam das langsame Dunkelwerden.

Ich erzähle aus meiner eigenen Kindheit, wie ich um diese Tageszeit oft mit meiner Mutter „schmuste“. „Ja, das Schmusen“, nimmt sie meine Erzählung auf und die Tränen kommen ihr. Nach langem Nachsinnen sagt sie langsam und traurig: „Ja, es hat wohl zu wenig Zärtlichkeit in meinem Leben gegeben. Meine Kindheit war karg. Nein, meine Mutter hat mit mir nicht geschmust, – sie wusste es nicht“, setzte sie liebevoll erklärend dazu.

„Mein Vater ... der hatte viel zu arbeiten ...“

Die Gedanken tasten das Leben auf der Suche nach erinnerbarer Zärtlichkeit ab.

„Meinem Freund habe ich es beigebracht, er konnte das auch nicht, ja, der war dann schon zärtlich, aber ...“

Der Satz bleibt in der Schwebe, mit diesem ‚aber‘. Wir gehen ihm beide nicht mehr nach!

„Und jetzt hole ich es wohl nach ...", sagt sie lächelnd, und vielleicht etwas beschämt.

„Und dann, wenn ich wirklich genug davon bekommen habe ... dann, dann gehe ich."

Während sie das sagt, streichelt sie liebevoll meine kühlen Hände.

2. April

„Der Bogen ist irgendwie noch nicht vollendet ...", ihre zarte Hand beschreibt den Bogen eines halben Kreises.

Nach vielen Tagen sehen wir uns wieder. An den Blicken erkennen wir beide, dass wir uns freuen. Es ist stiller geworden zwischen uns, stiller und auch selbstverständlicher. Wir haben ein deutliches Gefühl von dem, was wichtig ist, das noch gesagt werden soll. Das „gute Schweigen" miteinander, die beredte Stille, wird immer wichtiger.

Wir schonen einander. Ich nehme immer deutlicher wahr, dass das Denken, das Sprechen in der verständlichen Abfolge mit Mühe verbunden ist. Es ist so viel einfacher, beieinander zu sitzen und die Hand zu halten, und ab und zu formuliert sich ein Satz.

Die Blumen im entfernten Regal formen sich in ihrem Blick zu einer ‚Zehn'. Eine Zehn ..., ich sinne der Bedeutung nach ... zehn Tage noch?

Die Stille ist nur noch von diesem Gefühl des Einverstandenseins und der Dankbarkeit erfüllt, Geben und Nehmen sind fühlbar eins geworden.

Der scharfe, schrille Ton der Wohnungsklingel reißt uns beide aus der Versunkenheit. Frau Kilian war über dem wohligen Gefühl eingeschlafen.

Noch kurz bevor ich die Wohnungstür öffnete, sagte sie schnell: „Wenn ich so einschlafen könnte ... das wäre so schön!"

9. April

Das Begrüßen ist etwas fremd. Ich war schon seit vier Tagen nicht mehr bei ihr gewesen. Vier Tage sind in dieser Zeit des Sterbens eine lange Zeit. Im ersten Augenblick ist Frau Kilian verwirrt, erkennt mich nicht mehr. Es tut mir weh, aber ich verstehe es. Dann kommt es, dass sie sich erinnert, wer ich bin. Wir schweigen lange miteinander, und dann erzählt sie mir einen Traum.

„Mein Freund und ich sitzen an einer Böschung, und er versucht immer wieder, mich ein wenig hinunter zu schubsen, aber es gelingt ihm nicht. Ich habe Angst davor, Angst zu fallen, große Angst. Dann aber gelingt es ihm doch, indem er mir sagt: ‚du brauchst keine Angst zu haben'. Ich falle, ich falle auf eine wunderbar weiche Wiese, diese Wiese ist so wunderschön, wie ich es nie erwartet hatte, und von einem Grün, das man sich nicht vorstellen kann, so schön ist es."

10. April

Nun sieht sie noch abgemagerter aus. Sie erkennt mich erst nach einer Weile.

Frau Kilian schläft immer wieder ein.

Sie hätten heute das Abendmahl miteinander eingenommen, und das sei so beglückend für sie gewesen. „Ja, Sie verstehen das, es ist unwahrscheinlich, dass auch Glück zu viel werden kann."

Später fragt sie mich, ob noch jemand im Zimmer sei. Ich verneine, biete ihr aber an, ob es vielleicht jemand aus der „anderen Welt" sein könne. „Ja", sagt sie, „dieser anderen Welt schenken wir viel zu wenig Bedeutung im Leben. Wir sind ja alle so verwickelt in diese Welt."

Gegen Abend sagt sie: „Es wird nun langsam rund ..." und ich verstand, dass sie nun bald gehen würde.

Auch heute wieder genießt sie die Massage, lässt sich in die Entspannung und Ruhe führen, die ihr den Schlaf bringen.

Ich verabschiede mich von ihr, vielleicht ist es das letzte Mal, dass wir uns hier sehen.

Frau Kilian ist am 12. April gestorben.

Am 2. April hatte sie diese Vorstellung, die ihr
die Blumen im Regal als Zehn gezeigt hatten.
Nach der Nachricht von ihrem Tod versuche ich
immer wieder, mir ihren toten Körper vorzustellen.
Es fällt schwer. Es fällt leichter, sie in einer
anderen Welt lebendig zu sehen.

Wie ein Mensch in dieser Zeit in die Tiefe wachsen und wirklich reifen kann

Für manche sterbende Menschen ist die Zeit des Sterbens eine Zeit des Ganz-Werdens, eine Zeit, ihr Leben, unabhängig von ihrem Alter, abzurunden.

In den Monaten und Jahren der Krankheit, des Schwächerwerdens haben sie sich mit dem Gedanken, sterben zu müssen, auseinander gesetzt und viele Lebenseinstellungen haben sich gewandelt: So ist ihr Dasein nicht mehr geprägt von dem Gefühl, etwas leisten zu müssen, sondern sie haben gelernt, manchmal sehr schmerzlich gelernt – ihr Leben mit Freude und Dankbarkeit zu leben, gelernt, einen Wert in ihrer Person zu sehen, im Dasein, Anwesendsein und nicht nur in Handlungen und Aktivitäten. Auch wenn ihnen viele Möglichkeiten, am Leben teilzunehmen, durch ihre Krankheit verschlossen sind, sind sie nicht in der Verbitterung, im Schmerz darum, stehen geblieben, sondern haben nach neuen Wegen gesucht. Trotz ihrer körperlichen Schwäche und äußeren Hilflosigkeit sind sie sehr wach, offen für das, was ihnen diese Zeit noch an Leben ermöglicht, offen, sich auf Begegnungen einzulassen und am Wesentlichen des Lebens teilzunehmen. Einige leben ihre Zeit des Sterbens wie jede Lebensphase, die sie zuvor im Laufe ihres Lebens durchschritten haben.

Anderen wird diese letzte Lebenszeit zu einer Zeit, in der sie mit ganz neuer Intensität und Hingabe eine Vertiefung ihres Lebens und Seins, ihres Fühlens, Denkens und Erfahrens erleben.

Das Sterben ist für sie weniger bedrohlich und beängstigend, sondern sie erleben es eher als ein Heimgehen, als Schwelle zu einer anderen Welt hin – ja, sie sind oftmals sogar neugierig auf das Geheimnis des Todes.

Manchmal lassen wir uns als Begleiter durch die äußere Hilflosigkeit des erkrankten Menschen verleiten, ihn wie ein Kind zu behandeln, ihn „überzuversorgen“, ihm Entscheidungen und Selbstbestimmung ab- bzw. wegzunehmen. Und gerade der sterben-

de Mensch spürt sehr deutlich, ob wir ihn als Person ernst nehmen und respektieren. Lassen wir uns ganz offen auf die Begegnung mit ihm ein, erkennen ihn in seinem „Sosein", so nimmt er uns oft mit hinein in diese ganz andere Dimension, in der Zeit sich verliert. Wir werden durch die Reife und den inneren Reichtum des Anderen beschenkt.

Eine Brücke bauen

Es war hier alles ganz anders, als ich es aus meinen bisherigen Erfahrungen kannte. Denn schon bei der ersten Begegnung war mir bewusst: *Er* wird der Gebende sein.

Ich ging durch den Garten ins Haus, da niemand da war, die Tür zu öffnen.

Die Begegnung war spontan. Sie stand unter einem guten Zeichen. Mein erster Eindruck: Wie stark der Widerspruch zwischen seiner geistigen Wachheit und dem geschwächten körperlichen Zustand war. Abgemagert zum Skelett und nur mühsam mit der Sauerstoffbrille atmend, konnte er sich nur noch in horizontaler Lage halten. Jede Bewegung verursachte unerträgliche Schmerzen infolge der Metastasen, von denen sein Knochengerüst durchsetzt war.

So ungewöhnlich wie dieser Mensch war die Geschichte seiner Krankheit. Er hielt seinem Krebsleiden schon sechzehn Jahre stand! Diverse Operationen, Rollstuhldasein, Kampf mit und gegen die Ärzte und Therapien waren vorausgegangen.

Diese seine Geschichte war begreiflicherweise der erste Inhalt unseres Gesprächs. Mühsam und nur mit Hilfe des Sauerstoffgeräts atmend brachte er Worte hervor. Manchmal wechselte er beim Sprechen in den Telegrammstil über. Seine Anstrengung tat mir weh, aber sich mitzuteilen war ihm ein Bedürfnis.

Im Laufe unseres vertraut Werdens begannen sich die Gespräche zu vertiefen. Es tauchten viele Lebensbilder auf, die noch einmal betrachtet werden wollten. War es ein Monolog, eine Reflexion mit sich selber, zu der ich ihm nur Spiegel war? Zu anderen Zeiten kreisten seine Gedanken um letzte Fragen. Hier galt es, nicht

Rede und Antwort zu stehen, sondern einen Raum zu schaffen für das, was ihn bewegte. Ein verstehender Blickaustausch bewirkte oft mehr als alle Worte.

Herr Olsen war sowohl im naturwissenschaftlichen Denken zuhause als auch in der Beschäftigung mit Fragen, die den jenseitigen Bereich berührten. Anders wäre für mich seine Haltung im Angesicht des Todes nicht erklärbar gewesen. Nur in seltenen Augenblicken war noch Kampf und Widerstand zu spüren, wie z. B. wenn er mich bat, ihm die Hanteln zum Training seiner Armmuskeln zu reichen. Dennoch: Er hatte Ja gesagt zu seinem Sterben, und der Übergang bedeutete für ihn weniger ein Ende als vielmehr eine Brücke. Eine Brücke, an der zu bauen er in den sechzehn Jahren seiner Krankheit Zeit gehabt hatte.

Die Gesprächspausen, in denen er in einen leichten Schlaf fiel, waren kurz und nie „leer". Die Inhalte der gesprochenen Worte erfüllten noch den Raum.

Auch das äußere Leben spielte immerzu herein, heiteres, unbeschwertes Leben, sei es durch zwei übermütige Katzen, die sich im Baum des Gartens oder um das Bett herum in Sprüngen tummelten, sei es durch die täglichen Besuche eines jungen Nachbarn oder durch das Lichtspiel und den Vogelgesang in den Bäumen vor dem weitgeöffneten Fenster.

Die schwierigste Aufgabe war für mich, den Anforderungen des Kranken in der pflegerischen Betreuung gerecht zu werden, die er mit Geduld, aber äußerster Bestimmtheit stellte und mit großer Genauigkeit nach seinen Angaben befolgt wissen wollte. Wenn mir schon beim Drehen des zerbrechlichen Körpers der Schweiß auf der Stirne stand, so erst recht bei der Bemühung, die vielen Tücher und Kissen in der richtigen Reihenfolge in die jeweils richtige Lage zu bringen. Wie beneidete ich da eine Krankenschwester um ihre wissenden Hände! Ich bewunderte seine Ausdauer und Freundlichkeit bei aller Anstrengung.

Ich wollte gerne wissen, wie er es bloß schaffe, sich immer auf neue Menschen einzustellen, die ihn rund um die Uhr betreuten. Seine Antwort: „Ich bin ein Mensch des Gesprächs, der Umgang mit Menschen verschiedener Art ist mir ein Bedürfnis."

Wie konnte jemand mitten im Sterben noch diese Aufmerksamkeit, ja Neugierde anderen Menschen gegenüber aufbringen!

Das bewegendste Erlebnis war für mich, als er die Bitte aussprach, noch einmal stehen zu dürfen. Er bat mich, den Körper mit Gurten ans Bett anzuschnallen, damit er das Bett mittels Knopfdruck in die senkrechte Lage bringen könne. Die Entschiedenheit der Bitte ließ kein Zögern zu. Nie werde ich sein Hochgefühl vergessen, als er sich noch einmal in die Vertikale aufschwang.

Bei meinem letzten Besuch, drei Tage vor seinem Tod, bemerkte ich eine zunehmende Resignation in seinem Wesen. Der Glanz auf seinem Gesicht war umschattet. Der Lebenswille schien zu erlöschen. Selbst das Warten auf den ersehnten Enkel konnte seinen Abschied nicht mehr aufhalten. Er wolle jetzt gehen, sagte er leise zu mir.

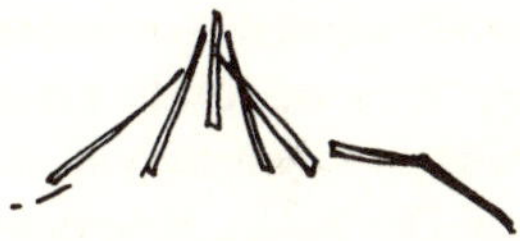

... und doch immer wieder leben

Es ist das Jahr 1987.

Ich bin in diesem Jahr siebzehn Jahre alt geworden, bin ein junges Mädchen, Kind und gleichzeitig auch ein erwachsener junger Mensch.

Ich lebe mit meinem Vater, meiner Mutter und meinen beiden Schwestern.

Bei einer routinemäßigen Mammographie stellen die Ärzte Knoten in der Brust meiner Mutter fest. Nach einigen Tagen bekommen wir das Ergebnis einer Gewebeprobe. Der Befund: bösartig.

Die Brust muss amputiert werden. Ich bin einerseits tief erschrocken, andererseits kann ich wohl noch gar nicht fassen, was dies alles wirklich bedeutet.

Fünf Jahre werde ich dich auf deinem Weg der Krankheit und deines Sterbens begleiten – das wird auch mein inneres und äußeres Leben tief prägen.

Heute bin ich dankbar, dass ich die Kraft hatte, in dieser Zeit mit dir zu sein. Ohne die Erfahrung meiner eigenen Erkrankung hätte ich es wohl kaum gekonnt.

Nachdem du dich wieder von der Operation erholt hast, beginnst du mit der Chemotherapie. Ich darf dich zu den ersten Infusionen begleiten. Wir hören Musik, sind still oder lesen gemeinsam.

In der Zeit deiner Erkrankung war es mir immer eine große Hilfe, bei den Untersuchungen dabei sein zu dürfen. Über ein Jahr geht die Chemotherapie. Zwischendurch hast du Zeiten, in denen du dich kräftiger fühlst und wieder arbeitest, dich aber auch schonen musst. Immer wieder sinken die Leukozyten, und die Haare fallen dir aus.

Nach diesem Jahr Chemotherapie ist erst mal Therapiepause. Wir atmen auf! Bis dann nach einigen Monaten Knoten am Hals festgestellt werden. Sie müssen operiert werden, da die Ärzte befürchten, dass sie auf die Halsschlagader drücken werden.

Traurig willigst du ein, musst wieder Seminare und Vorträge absagen. Der Satz: „Jedermann weiß, wie nützlich es ist, nützlich zu sein – aber kaum einer weiß, wie nützlich es ist, nutzlos zu sein", hilft dir, die viele Hilfe, die du brauchst, anzunehmen.

Nach dieser Operation beginnst du mit der Hormontherapie. Du verträgst sie gut – neue Hoffnung wächst.

Doch deine Augenerkrankung hat sich durch die Chemotherapie verschlechtert. Du kannst nur noch wenig lesen und nur noch in großer Schrift.

Auch hier wieder: Lernen, auf Hilfe Anderer angewiesen zu sein – du, die du anderen in deinem Leben so viel geholfen hattest. Und es wurde dir notwendig, noch mehr Hilfe anzunehmen, da du zusätzlich noch eine Muskelentzündung bekommen hast, also auch in deinen Bewegungen eingeschränkt bist.

In diesem Jahr gibt es immer wieder Zeiten, in denen dir die Erkrankung und die Behandlungen zuviel werden, sie deine Kräfte scheinbar übersteigen. Aber du erfährst auch, dass die Erkrankung dir neue Türen zu dir selbst, zur Natur, zu anderen Menschen hin öffnet.

Antworten suchst du nicht mehr nur in den Wissenschaften, sondern immer mehr in dir und in den Religionen.

Nach anderthalb Jahren treten wieder neue Knoten am Hals und Metastasen an der Wirbelsäule auf. Du beginnst mit den Bestrahlungen, die dein Immunsystem jedoch angreifen.

Zur Weihnachtszeit hast du durch eine Gürtelrose starke Schmerzen. Wir denken, dass du bald sterben wirst. Du liegst im Ehebett, und wir sind alle um dich, nehmen mit Tränen, aber auch mit Dankbarkeit, Abschied. Du besprichst jedem von uns noch einmal eine Kassette, die uns auf unserem Weg begleiten soll.

Doch nach einigen Tagen geht es dir langsam etwas besser. Noch ist es nicht „Deine Zeit". Es fällt dir schwer, wieder „ins Leben zurückzukehren" – Ungewissheit, Zweifel, Fragen und Leere begegnen dir.

Im Frühjahr kannst du noch einmal an einem Seminar leitend teilnehmen. Im Liegen und auf Pflege angewiesen, kannst du durch dein Dasein und deine geistige Präsenz andere beschenken. Eine kostbare Erfahrung für dich, aber auch für alle Teilnehmer. Ein halbes Jahr später, kurz vor deinem Tod, sagst du, dass du gerne nach dieser erfüllten Zeit gestorben wärst.

Nun beginnt für dich ein halbes Jahr mit vielen Behandlungen, denn Wasser sammelt sich durch Metastasen in der Lunge; du hast Atemnot und musst immer wieder punktiert werden, damit das Wasser abfließen kann. Du beginnst nochmals mit einer Chemotherapie. Es fällt mir schwer, diesen Entschluss anzunehmen. Mir fehlt die Hoffnung, dass durch sie die Metastasen verdrängt werden können.

So bist du zwischendurch immer wieder im Krankenhaus – und bei deiner Entlassung im Juli 1983 wissen wir, dass du zum Sterben nach Hause kommst, dass keine Therapie mehr gemacht wird. Da ich noch im Studium bin, kann ich mir viel Zeit nehmen. Ich tauche mit dir in eine andere Dimension des Seins ein, die auch schon in dem letzten halben Jahr unseres Zusammenseins oft da war. Obwohl wir wissen, dass wir nur noch wenig Zeit miteinander haben werden, entsteht ein Gefühl der Zeitlosigkeit – vieles wird unwichtig. Einfach nur zusammen sein im Schweigen, Erspüren, Teilen von gemeinsamen Erinnerungen, Musik hören, Lesen von Texten, das zählt. – Und wir lachen auch viel und spielen Karten. Im Zusammensein zählt nicht die Dauer, und so gehe ich zwischendurch Schwimmen, Radfahren oder besuche eine Freundin. Viele Freunde von mir haben sich in dieser Zeit zurückgezogen, aber eine kann ich besuchen, mich von ihr auch verwöhnen lassen, und es ist schön, auch mich mal gehen und umsorgen zu lassen.

Du machst es uns leicht, denn du schickst uns auch weg, ermutigst uns, auch für uns zu sorgen. So gehe ich am Abend vor deinem Tod ins Kino, seit langer Zeit zum ersten Mal wieder.

Anfänglich hatte ich deswegen ein merkwürdiges Gefühl, aber ich wusste nicht, dass es dein letzter Abend war. Andererseits konnte es dir auch das Gefühl vermitteln: Sie geht ihren Weg, auch wenn ich nicht da bin. Und das, weiß ich, war dir wichtig.

In der folgenden Nacht wirst du bewusstlos. Schleim behindert deinen schwer gewordenen Atem. Immer ist einer von uns bei dir – Kerzen brennen – Musik begleitet uns. Du hattest dir das gewünscht und eigentlich auch gewünscht, bewusst zu sterben – aber vielleicht erlebst du dein Sterben, deinen Übergang am folgenden Abend ganz bewusst – vielleicht erscheint es nur von dem, was wir wahrnehmen können, dass du kein Bewusstsein hast.

Während wir am Bett sitzen, sprechen wir mit dir, sagen, dass wir dich gehen lassen, dass deine Seele den Körper verlassen darf. Ich danke dir auch für dein Dasein. Du warst – nein, du bist mir auch jetzt noch eine gute Mutter, denn auch heute fühle ich mich immer wieder von dir begleitet. Heute habe ich gelernt, auch mir selbst „Mutter“ zu sein.

Dein Atem geht schwer und laut – immer wieder muss ich mich erinnern, dass du nicht mehr darunter leidest – bis sich am Abend deine Seele von der Erde löst.

Still ist es im Raum. Wir streicheln dich noch, lassen Erinnerungen nachklingen, bis wir nach einiger Zeit dich waschen und dir deine Lieblingskleider anziehen.

Und dann müssen auch wir von deinem Körper Abschied nehmen.

Mit leeren Händen geliebt zu werden

An einem strahlenden Sommertag begegnen wir uns das erste Mal.

Es ist schön, dir so nah und vertraut gleich mit deinem Vornamen begegnen zu dürfen.

Die Woche zuvor hatte dein Vater mich gebeten, einmal mit dir zu sprechen. Er machte sich Sorgen um dich.

Und so bin ich beim ersten Besuch etwas unsicher, ob auch du dieses Gespräch möchtest. Doch unsere Begegnung ist gleich sehr intensiv. Karolin. – Wir sprechen miteinander, als würden wir uns schon lange kennen.

Dein Körper wirkt trotz seines jungen Alters müde und ausgezehrt.

Aber aus deinem Gesicht strahlen mir Augen entgegen, die voller Freude dem Leben zugewandt sind.

Karolin hatte vor zwei Jahren, mit dreiunddreißig, erfahren, dass sie Krebs hat. Zwei Operationen, Chemotherapie und Bestrahlungen hat sie nun schon hinter sich.

Aus deinen Erzählungen kann ich entnehmen, dass du schon viel Leid und Dunkelheit durchschritten hast, aber du hast auch in dieser Zeit gelernt, dein Leben zu leben, zu genießen, dir etwas zu gönnen, ohne es erst mühsam verdienen zu müssen.

Heute geht es Karolin so schlecht – die Schmerzen nehmen ihr die Kraft, leben zu wollen. Sie ist bereit zu gehen.

In der Zeit der Krankheit hast du dich von der Vorstellung eines strafenden Gottes gelöst und hast den „barmherzigen" Gott erfahren, trotz all der Schmerzen und der Lebensbedrohung.

Dein Satz klingt noch lange in mir nach, du sagtest: „Ich freue mich auf Jesus. Ich bin neugierig, ihm zu begegnen."

Dankbar und bewegt gehe ich von dir. Ich fühle mich durch dich, dein Sosein, beschenkt.

Bei unserem zweiten Wiedersehen, eine Woche später, fühlt Karolin wieder mehr Lebenskraft in sich. Heute möchte sie nicht sterben, sie möchte leben. In ihrem Bericht schreibt Karolin: „Jeden Tag mit Freude zu erleben, gleichgültig was ich tue, das ist für mich Lebensqualität."

Eine neue Erfahrung in der Erkrankung war für sie, dass es Menschen gab, die sie einfach mochten, so wie sie ist, auch in ihrer Schwäche.

Und doch belastet sie heute der Gedanke, was sie denn ihren Freunden zurückgeben kann.

Ja, das ist vielleicht unser schwierigstes Lernen in der Erkrankung: Hilfe, Freundschaft, Liebe anzunehmen, ohne „Gegenleistung" erbringen zu können, – diese erstaunliche Erfahrung, mit leeren Händen geliebt zu werden. Oft ist unser Herz gerade in dieser Zeit weit offen und unser innerer Reichtum kann fließen, vielleicht schenken wir, indem wir uns öffnen.

Gestern Abend hat Karolin mit ihrem Mann zusammen geweint – geweint darüber, dass ihre Zeit hier so begrenzt sein soll.

Es belastet dich heute die Sorge, was nach deinem Tod für ihn kommen wird, und auch, wie du ihn vorbereiten, ihm helfen kannst. Einen Abschiedsbrief, eigentlich einen Lebensbrief, hast du ihm schon geschrieben.

Beim nächsten Besuch ist Karolin im Krankenhaus. Seit vierzehn Tagen kann sie nichts mehr essen, weil alles „verkrebst" ist. Sie hofft, vielleicht durch eine Operation wieder essen zu können, aber die Chance ist gering. Es schmerzt sie ohnehin schon, ihren Körper nicht mehr gesund und aktiv zu spüren, so wenig sinnliches Leben zu haben. Und nun wird ihr auch noch das Essen genommen.

Heute ist sie verzweifelt und hadert mit dem Schicksal. „Warum muss ich so langsam und mühsam sterben?" Fragen, die ohne Antwort bleiben. Karolins Mann, seine Liebe zu ihr, kann ihr ein wenig Halt geben.

Bei einer anderen Begegnung sprichst du Erinnerungen, Gefühle der Kindheit, die dich sehr belasten und beschweren, aus. Hinterher bist du erschöpft, aber auch erleichtert.

Inzwischen ist sie wieder zu Hause, über ein Port-System gut mit Schmerzmedikamenten versorgt. Manchmal ist ihr Bedürfnis zu schmecken so groß, dass sie etwas kaut, riecht, schmeckt, es dann aber wieder ausspucken muss.

Immer wieder hebst du dir Themen für unser gemeinsames Gespräch auf. Heute machst du dir Sorgen, dass sich dein Mann nicht genug Freiraum nimmt, nichts alleine unternimmt. Früher war das anders, und es war ein schwieriges Thema für euch. Damals hattest du manchmal den Eindruck, dass die Arbeit ihm wichtiger sei als euer Zusammensein. Doch die Zeit der Erkrankung, das Bewusstwerden, dass eure gemeinsame Zeit vielleicht begrenzt ist, hat euch sehr nahe zusammengebracht. Wichtig war, dass du lerntest, Bedürfnisse und Wünsche zu äußern.

Einen Monat später geht es Karolin viel schlechter. Sie hat eine Magensonde bekommen. Und dennoch muss sie viel organisieren und regeln. Nur noch ihre Mutter und ihren Mann möchte sie zu dieser Zeit um sich haben. Sie braucht sie so, hat aber Angst, zur Last zu fallen.

Zur Zeit fühlt sie sich eher von ihrem Mann wieder alleine gelassen, er arbeitet wieder viel, und es erinnert sie an alte Wunden.

In einem Gespräch zu Dritt können sie wieder mehr zueinander finden.

Dazwischen habe ich immer wieder lange Gespräche mit deinen Eltern. Sie, die dich, ihr Kind, gehen lassen müssen, brauchen viel Unterstützung. Lieber würden sie wohl ihr eigenes, schon länger gelebtes Leben geben, als Karolin sterben zu lassen.

Du bekommst Fieber, Tumorfieber. Manchmal bist du ganz klar, dann wieder bist du in einer ganz anderen Wirklichkeit.

Als ich dich das nächste Mal besuche, am Tag deines Sterbens, liegst du im Koma. Ich spreche lange mit deinen Eltern und dann auch mit deinem Mann. Er weint sehr, es schmerzt ihn so sehr, dich gehen zu lassen, bald schon dich nie wieder sprechen und spüren zu dürfen.

Er nimmt schmerzlich Abschied von dir.

Dann setzen wir uns zu dir, lesen dir eine Stelle aus der Bibel vor, beten.

Als ich gehen muss, fällt mir der Abschied von dir sehr schwer.

Am Abend ruft mich ihr Vater an: Sie ist gestorben.

Die Gedanken, die auf deiner Traueranzeige stehen, begleiten mich noch lange:

Es wird ein Sonnenaufgang sein,
wenn das Boot unseres Lebens
landet am anderen Ufer.
Der Herr wird dort stehen,
und er wird auf uns warten.
Und alles wird münden
in diesen Hafen des Friedens,
wo wir ihm übergeben
was immer wir sind.

Wachen und begleiten

Manche Begleitungen sind ganz still. Unsere Hilfe besteht mehr im Zuhören, mit unserer ganzen Person anwesend zu sein oder auch im gemeinsamen Schweigen. Wir begleiten, indem wir mit dem Anderen im Weinen, Lachen oder Stillsein sind. Wir schaffen in uns einen offenen Raum für den Anderen – teilen Lebenszeit mit ihm, sind offen, ihn auf seinem Weg zu begleiten, lassen uns von ihm leiten – ohne seinen ganz eigenen Prozess zu stören oder in einer bestimmten Richtung beeinflussen zu wollen. Es ist eine Verbundenheit da, die weniger über die Worte entstanden ist, als vielmehr im inneren Kontakt, in der Begegnung der Augen, im Schweigen, im Wachen, im Verstehen von verschlüsselten Botschaften und Symbolen.

Gerade wenn der sterbende Mensch nicht mehr sprechen kann oder im Koma liegt, können wir ihn durch unseren Atem begleiten, indem wir unseren Atem dem seinen anpassen. Dadurch entsteht eine tiefe Verbundenheit. Im gemeinsamen Atmen kann es uns möglich werden zu spüren, wie und was der Andere empfindet, und unsere innere Einstellung kann sich auf den sterbenden Menschen übertragen. Wichtig ist, dass wir selber ruhig sind und nicht eine bestimmte Veränderung bei dem Anderen bewirken wollen, von der wir meinen, dass sie gut und richtig für ihn wäre. Wir müssen uns immer wieder prüfen, ob wir wirklich ohne Erwartungen Liebe und Verständnis für diesen Menschen, so wie er jetzt ist, in uns tragen.

Während dieser Wachen können wir dem sterbenden Menschen durch viele kleine Handreichungen Erleichterung verschaffen: Kissen aufrichten oder ausschütteln, Lippen befeuchten, die Stirn kühlen oder die Füße wärmen, vielleicht ihm ein Gefühl der Sicherheit vermitteln, indem wir ihn sanft berühren, unsere Hand still auflegen …

Zu diesem Begleiten und Wachen gehört für viele auch, sich von dem toten Körper zu verabschieden, vielleicht indem sie den vertrauten Körper noch ein letztes Mal waschen oder indem sie einfach noch bei dem verlassenen Körper wachen, vielleicht Erinnerungen austauschen, Gebete lesen oder in der Stille den Verstorbenen auf seinem für uns nun unsichtbaren Weg begleiten.

Das erste Mal ...

Jetzt stand ich vor der Tür – und auf einmal merkte ich, wie mir die Knie weich wurden, die Hände feucht, am ganzen Körper innerlich zitternd, dachte ich: Jetzt gehst du hier zu einem Menschen, der dir völlig fremd ist, willst ihn auf seinem letzten Weg begleiten und glaubst noch, das sei etwas ganz Tolles. Will dieser Mensch das denn überhaupt? Will er mich und wenn nicht, was dann? Ich stand leer und hohl und mit einem großen Kribbeln im Bauch vor dieser Tür und holte noch einmal tief Luft.

Herr Paul war Anfang sechzig und hatte Krebs. Er war in vielen Spezialkliniken gewesen, chemotherapiert, operiert, „austherapiert“, aber doch noch hoffend, zum Sterben ins Heimatkrankenhaus gekommen. Zwei Jahre vor Ausbruch seiner Krankheit hatte er seine Frau, die an genau der gleichen Krankheit in diesem Haus gestorben ist, begleitet und liebevoll gepflegt.

Er hatte Schmerzen, ihm wurde übel, aber klingeln mochte er nicht, „weil dann die Schwestern immer so viel laufen müssen, und so wichtig sei er ja nicht“. Er war ein großer, scheinbar kräftiger Mann, aber die Brechschale konnte er nicht mehr alleine halten, geschweige denn sich aufrichten. Die Perioden des „Schlechtwerdens“ kamen immer öfter. Er hatte große Angst – besonders nachts. Da war alles anders. Der Baum, der vor seinem Fenster stand und ihm tagsüber so viel Freude machte, warf im Dunkeln angsterregende Schatten, die Stille war bedrückend, der Schlaf kam nicht, Menschen- und Straßenlärm drang nicht wie tagsüber in sein Zimmer.

Als man Herrn Paul sagte, dass ich zu ihm kommen würde, um bei ihm zu sein, sagte er sofort zu, obwohl wir uns überhaupt nicht kannten. Wie groß ist die Angst oder wie groß ist das Vertrauen zu Menschen, die sich einfach einander Zeit schenken? Und jetzt ging ich zu ihm ans Bett, begrüßte ihn.

Vieles hat er mir in dieser Nacht erzählt. Anscheinend ganz unwichtige Dinge, z. B. wie der Rostfleck an seinem Auto auf der letzten Urlaubsreise entstanden ist und er nicht mehr dazu gekommen ist, ihn wegzumachen. Oder er hat von seiner Zeit im Schützenverein gesprochen, welche Lieder er so gern gesungen hat; zwischendurch hat er immer über die Krankheit und das Sterben seiner Frau gesprochen. Viel später erst ist mir klar geworden, dass er mir über das Sterben seiner Frau von „seinem Sterben" erzählt hat. Aber er hat es nie direkt ausgesprochen. Er hat von „seinem" Krebs und seinen „Metastasen" erzählt, aber nie von seinem Sterben. Ich habe nur zugehört, mit ihm über kleine Begebenheiten gelächelt, bin mit ihm traurig gewesen und habe mit ihm geweint. Mitten im Erzählen schlief er oft für wenige Minuten ein, und wenn er wieder wach wurde, setzte er sinnbildlich ein Komma und machte genau an der Stelle weiter, wo er aufgehört hatte mit Erzählen.

Ich habe gar nicht gewusst, wie lang eine Nacht sein kann. Nein, nicht von der Anstrengung oder der körperlichen Erschöpfung her gesehen, sondern von den Stunden des Miteinander, des sich Nahekommens.

Als Herrn Paul das erste Mal übel wurde, fragte ich ihn, ob ich denn eine Schwester holen sollte, aber er meinte, wenn es mir nichts ausmachte? Ich hielt ihm die Brechschale und hatte ihn dabei im Arm, diesen großen, starken Mann. Ich wischte ihm den Schweiß von der Stirn und spülte ihm den Mund aus. Ich streichelte seine geröteten Wangen und massierte ihm ganz leicht den Nacken. Als er merkte, dass mir das alles wohl nichts ausmachte, holte er tief Luft und sagte: Wir werden diese Nacht zusammen verbringen. Wir wussten beide, dass der Tod schon mit im Raum war. Dadurch, dass ich Herrn Paul im Arm hielt, wenn ihm schlecht war, kam eine große Zärtlichkeit in alle Gesten, und wir gingen zunehmend mehr mit großer Zartheit und Wärme miteinander um. Und das alles in einer Nacht. In einer Nacht lässt mich ein Mensch zu – lässt mich an seinem Leben und seinem Sterben teilhaben – lässt mich zu und nimmt mich an.

Als ich am nächsten Morgen nach Hause fuhr, war in mir Freude und Glücklichsein über diese letzten Stunden, die wir miteinander verbracht haben.

Am Vormittag rief die Schwester von der Station an, um mir mitzuteilen, dass es Herrn Paul gut ginge. Ihm wäre nicht mehr schlecht, er wäre nicht traurig, er hätte eine gute Nacht gehabt. Er hatte nachgefragt, ob ich denn noch einmal an diesem Abend zu ihm kommen würde. Natürlich sagte ich zu.

An diesem Abend war alles ganz anders. Wir begrüßten uns wie zwei Vertraute. Er hatte alles vorbereitet: Auf dem Tischchen neben dem Bett standen eine Flasche Bier, ein Piccolo und ein Kasten Pralinen mit der Aufschrift: „Vielen Dank".

Die ganze Fürsorge, die ich ihm am Vorabend geschenkt hatte, bekam ich in dieser Nacht zurück. Wir tranken zusammen das Fläschchen Bier und einen kleinen Schluck Sekt. Er konnte sein Bier gar nicht mehr schlucken, er spülte den Mund aus – Brechschale – ausspucken – aber mit jedem Schluck, den er genüsslich zu sich nahm, sagte er: „Lecker"; und dann meinte er noch – ich sollte mich bequem hinsetzen, die Beine hochlegen, die Füße mit unter seine Decken und die Wolldecke um meinen Rücken legen, denn „so jung sei ich ja auch nicht mehr", damit ich kein Rheuma bekomme. Wir haben in dieser Nacht nicht mehr viel miteinander gesprochen, er war müde, ich war müde. Ich hielt seine große, warme Hand – oder hielt er meine?

Viel später erst wurde mir klar, dass es unser, sein Abschied war. Es wurde ein sehr leiser Abschied.

Ein paar Wochen ging es ihm wieder einigermaßen gut, aber dann ging alles sehr schnell. Er war nicht mehr ansprechbar und fiel ins Koma.

Ich war die letzte Nacht bei ihm. Ich konnte leise die Lieder summen, die er doch so gern gesungen hat, und ich konnte ein wenig von seiner Frau erzählen. Nicht, dass ich die ganze Nacht erzählt hätte, aber zwischendurch, wenn er unruhig schien, fielen mir diese Dinge alle ein.

Als ich morgens zur üblichen Zeit nach Hause ging, wusste und ahnte ich nicht, dass ich ihn nicht mehr wiedersehen würde. Als man mich anrief und mitteilte, dass er soeben gestorben sei, war ich sprachlos und fast böse auf ihn. Ich dachte: Jetzt war ich so lange bei dir, nun stirb gefälligst auch, wenn ich dabei bin – ich wollte dich doch schließlich begleiten.

Viel später erst ist mir klar geworden: Begleiten heißt, ein Stück des Weges mitgehen dürfen, vielleicht ein Stück der Angst nehmen dürfen, ein kleines bisschen miteinander aushalten.

Wir lachten so, als wäre sie keine Sterbende

Als ich das erste Mal Frau Knoll zu Hause besuchte, hatte ich Herzklopfen vor der Türe. Ich wusste nur, ich gehe zu einer Frau, die zehn Jahre jünger ist als ich, verheiratet ist, ein Kind hat und deren Lebenszeit sehr begrenzt ist. Sie hatte Krebs.

Nach einer fünfjährigen Krankheitsgeschichte ist Frau Knoll als unheilbar entlassen worden. Alle therapeutischen Möglichkeiten wie Operationen, Chemotherapie und Bestrahlungen waren ausgeschöpft. Die Schmerztherapie wurde weitergeführt, sie bekam Morphinpräparate.

Die Familie fühlte sich sehr allein gelassen. Es war sehr schwer für sie, nichts mehr tun zu können, auszuhalten und auf den Tod zu warten, der ihr für die nächsten Monate vom Arzt angekündigt worden war.

Frau Knoll lernte ich als eine stille, sensible Frau kennen. Sie war jung und verletzlich in ihrem Wesen.

Die ersten Monate besuchte ich Frau Knoll einmal wöchentlich, besorgte die Morphinrezepte im Krankenhaus und begleitete sie ab und an zu Untersuchungen. Ein paar Dinge konnte ich während dieser Zeit einleiten und positiv verändern.

Frau Knoll hatte – bedingt durch ihre vielen verschiedenen Krankenhausaufenthalte – kein persönliches Verhältnis zu ihrem Arzt aufbauen können. Ich konnte ihr einen sehr guten Arzt vermitteln, der sie bis zum Schluss regelmäßig besuchte und wirklich ganzheitlich betreute. Sie war darüber sehr glücklich.

Bevor ihr Sohn Steffen in eine höhere Schule kommen sollte, hatte ich Kontakt mit der Lehrerin aufgenommen, um sie von der belastenden Situation zu Hause zu unterrichten. Ich fand sehr viel Verständnis, und die Lehrerin stützte Steffen und ging auf seine Schwierigkeiten ein. Auch ein Platz bei einer Spieltherapeutin konnte vermittelt werden.

Im letzten Sommer gab es Hoffnung, dass die Familie ein paar Tage zusammen Ferien machen könnte. Es wurde vorsichtig geplant, doch leider war der Gesundheitszustand von Frau Knoll so schlecht, dass an keine Reise mehr gedacht werden konnte. Es ergab sich die Gelegenheit, Steffen mit einer Gruppe meiner Kirchengemeinde für zwei Wochen an das Meer zu schicken. In dieser Zeit konnte sich der Mann dann ganz um seine Frau kümmern. Er bemühte sich sehr, all den Aufgaben gerecht zu werden, die an ihn in den letzten Jahren gestellt wurden. Zum einen sein Beruf, zum anderen die Sorge um die sterbende Frau und das Kind, das nicht zu kurz kommen sollte. Es war für mich erstaunlich und bewundernswert, wie er alle Anforderungen in dieser Zeit bewältigte.

Eine Aussage nach dem Tod seiner Frau hat mich besonders beeindruckt und nachdenklich gestimmt. Er sagte: „Die letzten Wochen ihres Lebens gehören zu den schönsten unseres gemeinsamen Lebens." Es war eine intensive Lebenszeit, getragen durch die Fürsorge des Mannes und auch der Mutter. Diese Fürsorge half Frau Knoll in ihrer Not, den Sohn zurücklassen zu müssen.

Der Arzt hatte Frau Knoll empfohlen, Entspannungs- und Visualisierungsübungen zu machen. Er setzte sich mit mir in Verbindung und fragte mich, ob ich solche Übungen mit ihr probieren könnte. Da ich Erfahrung mit autogenem Training habe, sagte ich zu. Die letzten Wochen vor ihrem Tod besuchte ich sie zweimal in der Woche, und wir „übten" zusammen. Zuerst machten wir Entspannungsübungen und danach einen imaginären Ausflug in die Berge. Mit all ihren Sinnen erlebte sie innerlich die Schönheit der Natur. Frau Knoll freute sich immer sehr auf dieses gemeinsame „Üben", und sie sagte, dass es ihr gut tun würde. Ich glaube, es war das meditative Element in dieser Übung und auch die intensive Zuwendung eines Menschen.

Ich besuchte Frau Knoll sehr gerne. Es entstand ein guter, herzlicher Kontakt zwischen uns wie auch zu ihrer Mutter. Sie musste das langsame Sterben ihrer Tochter aushalten. Sie kam täglich, kochte für die Familie und besorgte den Haushalt. All das war eine große Belastung für sie.

Herr Knoll hatte zum Teil andere Vorstellungen von Leben, Krankheit und Tod. Es entstanden dadurch lange und gute Gespräche zwischen uns.

Bei meinen Besuchen bei Frau Knoll wurde auch über das Sterben gesprochen. Wir weinten zusammen, doch die meisten Besuche waren heiter. Immer wieder hatte sie Angst vor Schmerzen und vor dem, was noch auf sie zukommen sollte. Sie empfand Trauer, nicht wirklich gelebt zu haben und auch ihr Kind nicht großziehen zu können. Die Erfahrung, nichts tun zu können, schweigend mit ihr auszuhalten, war oft schwer für mich. Es gab Situationen, in denen jeder Trost banal gewesen wäre.

Erstaunlich war, wie sehr sie Anteil an meinem Leben nahm: Ich musste ihr immer viel erzählen von der Welt draußen. Ich versuchte dabei ehrlich und auch behutsam zu sein. Ich brachte ihr Bücher mit, und sie las sehr viel.

Als ich das letzte Mal bei ihr im Krankenhaus war, hoffte sie, bald wieder nach Hause kommen zu können. Wir machten gemeinsam die Entspannungsübungen und danach las ich ihr eine Geschichte vor, die besinnlich und heiter zugleich war. Danach lachten wir herzlich miteinander. Nach jedem Besuch machte ich mir Notizen. Der letzte Satz, den ich aufgeschrieben hatte, lautete: „Wir lachten so, als wäre sie keine Sterbende“.

Am Tag darauf starb sie. Der Tod kam ganz plötzlich. Sie war allein, konnte jedoch noch eine Schwester rufen.

Als ich an das Bett von Else Brand trete, schaut sie mich mit großen, grauen kindlichen Augen staunend an. Unsere Blicke begegnen sich tief, und ich denke: Manchmal entscheidet es sich schon im ersten Augenblick.

Nach einem Moment des Staunens ohne Worte schaut sie mich weiterhin an und fragt: „Kommen Sie zu meiner Beerdigung?“ Innerlich leicht erschreckt, verwirrt von dieser direkten Ansprache, schüttele ich den Kopf und sage: „Nein, ich komme zu schauen, wie es Ihnen geht ...“ Insgeheim habe ich das Gefühl, als sagte ich nicht die ganze Wahrheit.

Erst Tage später werde ich in mir erkennen, dass sie mich wohl ganz direkt gefragt hatte, ob ich zu ihrer Beerdigung kommen würde. Aber auch ihr war sicher der tiefste Sinn ihrer Worte verborgen.

Dann verwandelt sich ihr Blick, wird deutlich ängstlich, zagend, und das nächste, was sie sagt, ja klagt, ist: „Warum haben sie denn so eine ‚Kleine‘ geschickt, so eine Kleine ...!“ Frau Brandt spricht stark Dialekt, ich muss mich sehr bemühen, ihre leisen Worte zu verstehen, aber sie wiederholt es noch ein paar Mal, bis sie am Ende nur noch sagt: „So lieb, aber so klein ...“ Dann schließt sie die Augen, wie nach einer großen Anstrengung und als sei nun das Wichtigste gesagt.

Nur wenige, ganz wenige vollständige Sätze werde ich noch aus ihrem Mund hören.

Aber das weiß ich zu diesem Zeitpunkt noch nicht.

Frau Else Brandt liegt in der einen Hälfte eines Ehebettes. An den hellen Wänden sind die Spuren des zweiten Bettes deutlich abgezeichnet. Vor fünfzehn Jahren war ihr Mann gestorben. Sie hatte ihn über viele Jahre seiner Krankheit gepflegt. Unmittelbar nach seinem Tod war die erste Krebsgeschwulst bei ihr entdeckt worden.

„Wissen Sie“, sagt ihre Tochter, „meine Mutter konnte eigentlich erst krank werden, nachdem mein Vater gestorben war ...“ Sie will damit einen empfundenen Zusammenhang ausdrücken, den sie noch bestärkt, indem sie hinzufügt: „Sie war einfach immer für meinen Vater da, die ganzen Jahre über.“

Die Tochter von Frau Brandt lebt nun schon fünfzehn Jahre allein mit ihrer Mutter zusammen. Tagsüber geht sie zur Arbeit, wenn sie nach Hause kommt, ist ihre Mutter da. Ihr Heimkommen wird immer erwartet, oft ungeduldig und später verzweifelt.

Im Gespräch kommen Schuldgefühle, Selbstzweifel und Trauer zum Ausdruck.

„Ich schaffe es manchmal einfach nicht mehr, ich komme aus meinem anstrengenden Berufsalltag und dann geht es hier sofort weiter. Nachts schlafe ich auch schon lange nicht mehr richtig. Und wenn ich schlafe, habe ich das Gefühl, ich lausche hinunter, ob meine Mutter ruft." Aber immer wieder unterbricht sie ihr Erzählen mit Äußerungen, dass sie so unsicher sei, ob sie Hilfe annehmen könne. Ob sie es solle oder ob sie es nicht doch selber zu leisten habe. Sie möchte doch ihre Mutter zu Hause lassen.

„Ich habe meiner Mutter vor vierzehn Tagen gesagt, irgendwann müssen wir ja alle sterben. Ich denke, meine Mutter weiß es. Aber ich hoffe, sie hat noch Zeit." Nach der Zeit vorsichtig befragt, äußert sie verhalten sinnend: „Ach, vielleicht ein halbes Jahr?"

Auf die Frage nach den Schmerzen erfahre ich, dass Frau Brandt es gelernt hat, gut mit Schmerzen umzugehen. Ich glaube das. Ich bin sicher, dass man in fünfzehn Jahren der Krankheit viel lernt, aber dass Frau Brandt jetzt wirklich keine Schmerzen hat, das bezweifle ich. Auf meine Fragen sagt sie mir ein paar Mal: „Na ja, es geht, ich kann es aushalten!" Ich frage mich innerlich, was das wohl heißt, und ob es so sein muss und richtig ist.

Alle Viertelstunde ruft sie nach mir. Manchmal ist es Angst, manchmal ist sie verwirrt, manchmal hat sie Schmerzen oder es gibt ein körperliches Problem. Immer wieder fragt sie nach der Zeit. Zwei Uhr sieben und dann ist es erst halb drei ... Der Morgen will und will nicht kommen.

In dieser Nacht gewinnen wir Vertrauen und Zuneigung zueinander. Weniges nur muss gesprochen werden. Wenn ich über ihre angestrengte Stirn streichle, lächelt sie und schließt die Augen. Als es draußen hell zu werden beginnt, kann sie endlich einschlafen.

Ich schaue in den Garten hinaus. Es ist Spätherbst. Ein gelblich weißes, fast durchsichtiges fahles Weinblatt gleitet herab. Ich sehe das Blatt für einen Moment als das Leben von Else Brandt.

In der nächsten Nacht kommen wir zu zweit. Ich kann Frau Brandt nicht länger alleine aus dem tiefen, weichen Bett herausheben und sie aufrichten.

Die Tochter von Frau Brandt ist glücklich und dankbar, dass wir wiederkommen. Sie hat inzwischen die Hilfe akzeptiert und angenommen. Wir werden beide liebevoll empfangen.

In dieser Nacht ruft Frau Brandt nicht mehr. Ich glaube nicht, weil es ihr besser geht, sondern weil sie keine Kraft mehr zum Rufen hat. Es ist nun unsere Sache, so oft nach ihr zu schauen, dass sie nicht hilflos und gequält daliegt. Immer wieder bedankt sie sich für die kleinen Hilfeleistungen. Ein paar Mal sehe ich, wie Tränen aus ihren geschlossenen Augen kommen. Tränen der Dankbarkeit, Tränen, die die Wärme und Zärtlichkeit, die wir ihr geben dürfen, beantworten.

Am Morgen, als wir gehen, bitten wir die Tochter eindringlich, sich darum zu bemühen, dass ihre Mutter ein Schmerzmittel bekommt, dass ihr zur Erleichterung ein Katheder gelegt wird und dass ein praktisches Krankenbett geliehen wird. Es will mir scheinen, als konnte sich die Tochter von Frau Brandt nur gegen innere Widerstände hierzu durchringen. Sie bekennt, dass sie mit all diesen Schritten vor sich selber zugeben muss, wie weit die Krankheit ihrer Mutter vorangeschritten ist, dass das Ende näher ist, als sie es wahrhaben möchte und momentan annehmen kann.

Bis ich in drei Tagen wiederkomme, ist der Arzt da gewesen, der Katheder gelegt worden, das neue Bett steht an der Stelle des gewohnten.

Am Telefon sagt mir die Tochter, wie sehr sich der Zustand ihrer Mutter, seit ich da war, verschlechtert hat. In ihrer Stimme höre ich, dass sie es sich auch selbst sagt, sich sagen muss, gegen alle Hoffnung.

Wie gut kann ich sie verstehen. Sie soll sich trennen von einem geliebten Menschen, der ein Leben lang mit ihr gelebt hat. „Wissen Sie“, gesteht sie mir in dieser Nacht, „für mich ist das, als würde mein Lebenspartner gehen.“ Sie spricht davon, dass dann das Haus leer sein wird, wenn sie abends nach Hause kommt.

Auf der Fahrt quer durch die Stadt weiß ich es mit einem Mal ganz deutlich. Dies wird die letzte Nacht von Frau Brandt sein.

Für einen Moment überfällt mich Schmerz. Ich bin froh, jetzt einfach allein im Auto weinen zu können.

Als ich zu ihr ans Bett trete, schläft sie. Sie ist auf das Schmerz- und Schlafmittel hin augenblicklich eingeschlafen. Ihr Atem ist ruhig, aber man spürt ihm an, dass ihr nicht mehr viel Zeit gegeben ist.

Frau Brandt hatte in den letzten Tagen immer wieder nach mir gefragt, wann ich denn käme.

Ihre Tochter legt sich dankbar schlafen. Sie hat das Gefühl, dass es ihrer Mutter besser ginge, seit sie das Schmerzmittel bekommen habe. Auch ich denke, dass sie nun ruhiger und entspannter aussieht.

Auch diese Nacht wird ruhig. Immer wieder trete ich leise ans Bett, höre auf den Atem. Vor ein paar Tagen hatte Frau Brandt ihren Vater und ihre Mutter, die vor langer Zeit gestorben waren, dort hinten in der Zimmerecke sitzen sehen. Ob sie nun bei ihr waren? Gegen zwei Uhr schlafe ich ein. Kurz vor vier wache ich plötzlich auf als folgte ich einem inneren Rufen. Ich gehe schnell hinüber zu Frau Brandt. Sie liegt ruhig wie zuvor da, aber in der Art, wie ihr Atem kommt und geht, kann ich hören, dass sie ihren Weg fort aus dem Körper begonnen hat.

Einige Augenblicke der Unentschlossenheit ergreifen mich. Soll ich ihre Tochter jetzt wecken? Ist es noch zu früh? Sie wird morgen einen anstrengenden Tag haben! Möchte sie diese Zeit hier am Bett warten? Ich setze mich neben Frau Brandt ans Bett, begleite sie innerlich, still zugeneigt, Minute um Minute. Ich bitte um Hilfe, ich versuche, mich selbst in der rechten Weise einzustimmen. Ich habe das Gefühl, dass ein großes Geschehen den Raum erfüllt.

Mit einem Mal weiß ich es. Jetzt ist der Augenblick, ihre Tochter zu wecken und mit ihr hierher zu kommen, an das Sterbebett ihrer Mutter.

Als ich sie wecke, erschrickt sie, will nicht wahrhaben. Am Bett ihrer Mutter stehend, sagt sie: „Nein, ich kann es nicht glauben, noch nicht!“ Sie schaut ihre Mutter an, will sie wecken, ruft, will nicht zulassen, dass sie gehen wird.

Zeit vergeht. Zeit einer Sterbenden. Eine kostbare Zeit, eine Zeit von ganz anderer Qualität als die Lebenszeit.

Zeit, die zwar unaufhaltsam dahingleitet, von Atemzug zu Atemzug, und doch auch eine Zeit, die es möglich macht, dass nach einer geraumen Weile die Tochter ihre Mutter gehen lassen kann.

„Wird es jetzt bald sein?“ fragt sie, und ich nicke.

Wie etwas unsagbar Kostbares schauen wir gemeinsam auf die letzten Atemzüge. Die Tochter ist still, liebevoll und ruhig. Ich habe das Gefühl, als habe sie schweren Herzens ihr Einverständnis gegeben. Sie hält die Hand der Mutter und lässt sie spüren, das sie nicht allein ist.

Noch ein Atemzug, noch ein viel schwächerer, eine große Pause, und noch einmal holt der Körper den Atem in sich hinein, atmet aus, dann folgt Stille.

Wir haben es gewusst, und doch ist diese Stille, diese Atemlosigkeit nicht fassbar. Die Hoffnung, auch in mir, wünscht, dass sie noch einmal atmen möchte, hofft lange über die Zeit hinaus. Dann lasse auch ich es zu, die Stille, die Stille des Todes, eine Stille, die in ihrer Bedeutsamkeit unnennbar ist.

Spuren der Seele

Ein kleines hübsches Reihenhäuschen in einem der Vororte der Stadt. Die dritte Tür, umrankt von üppig blühenden karminfarbenen Rosen, hat das angegebene Namensschild. Schon das kleine Schildchen verrät, dass hier eine Familie beisammen wohnt. Es steht eben nur der Familienname dort, alle sind damit eingeschlossen.

Nach einer geraumen Weile öffnet eine Frau nur einen Spalt breit die Tür. Nachdem ich meinen Namen gesagt habe, öffnet sie ganz und bittet mich herein. Etwas vorsichtig Abwägendes liegt in ihren Gesten. Über ihren Augen, so scheint es mir, liegt ein zarter Schleier. Ein Schleier von anhaltendem Kummer, Schmerz, Last und Weh, der schon seit längerer Zeit über ihr Leben gebreitet ist.

Mit einer etwas vagen Geste bittet sie mich, Platz zu nehmen. Oben im Dachgeschoss, in einem lichtvollen holzverkleideten Zimmer, liegt ihr Mann. Er wird unser Sprechen unten nicht hören.

Herr Mampe ist seit kurzer Zeit aus dem Krankenhaus entlassen. Bescheid: „Wir können leider nichts mehr für Sie tun." Herr Mampe wollte nach Hause.

Er liegt etwas diagonal in dem großen Bett. So hat er einen schönen Blick aus dem Fenster und kann die Vögel sehen, wie sie ins Laub huschen und wieder davonfliegen.

Am Kopfende des Bettes stehen die Krücken, die das Aufstehen und Gehen erleichtern sollen. Herr Mampe wird sie in diesen Tagen das letzte Mal benutzen können. Noch weiß er es nicht. Oder hatte er es schon einmal gewusst und wieder vergessen wollen? Die Ärzte in der Klinik hatten ihn unmissverständlich über seine Lage informiert. Verschiedene Stellen seines Körpers sind von Metastasen befallen, Haut, Knochen, am Leib und am Hinterkopf.

Herr Mampe liegt ruhig und gelassen da. Seine Hand fühlt sich bei der Begrüßung warm und entspannt an. Sein Gesicht ist ernst. Auf mein Lächeln kommt keines zurück. Für mich sieht er aus, als dächte er nach, fast ununterbrochen. Weniges teilt er davon mit.

Herr Mampe möchte so wenig wie möglich zur Last fallen, möchte wenig Aufhebens machen, möchte nicht noch die Sorgen vergrößern. Und Sorgen gibt es viele in diesem Haus und schon seit vielen Jahren.

Der Ehemann weiß, warum ich im Haus bin. Ich werde versuchen, seine Frau in der kommenden schweren Zeit zu begleiten und zu unterstützen. Als ich mich nach kurzer Zeit von ihm verabschiede, drückt er Dankbarkeit in seinem Gruß und Händedruck aus. Wie verhalten können die Gesten eines Menschen sein und wie viel können sie ausdrücken.

Die älteste Tochter

Anja ist ein junges Mädchen von besonders anziehendem Äußeren. Die glatten dunklen Haare, das feine ebenmäßig geschnittene Gesicht, aufmerksame, eindringliche Augen. Sie sieht ihrem Vater sehr ähnlich.

Anja lebt in einem Pflegeheim in Süddeutschland. Sie ist seit ihrer Geburt mehrfach geistig und körperlich behindert.

Sie spricht selten, nur manchmal reiht sie zwei oder drei Worte aneinander.

„Armer Pappi, so krank."

Anja hat häufig Kopfschmerzen. Manchmal sind sie so stark, dass sie mit dem Kopf gegen eine Wand schlägt oder sich selbst mit den Fäusten, bis es blutet.

Anja mag überaus gern in der Natur sein. Wasser liebt sie über alles, und sie liebt Musik, besonders Klaviermusik.

Anja liebt ihren Vater und ihre Mutter, mit ihrem Vater ist sie auf eine ganz besondere Weise verbunden.

Herr und Frau Mampe haben es wohl auf unterschiedliche Weise nie verwunden, dass Anja nach langen, schweren Jahren in das Heim kam. Es gab vorher fast zwei Jahre, wo Herr und Frau Mampe fast jede Nacht mit dem Kind im Kinderwagen durch die nächtlichen Straßen fuhren, weil ihre Tochter nur so zu beruhigen war. Wenn sie dann gegen drei Uhr nach Hause kamen, schlief Anja endlich ein.

Der Sohn

Als ich Florian, den Sohn der Familie, kennen lerne, liegt auch er im Bett. Gestern hatte er noch einundvierzig Grad Fieber gehabt. Der Hausarzt hatte einen Besuch bei Vater und Sohn gemacht.

Florian liegt, mich erwartungsvoll betrachtend, in seinem Bett. Seine klaren Augen mustern mich ernst, aber offen. Sein Kopf ist ein zarter Jungenkopf, seine Hände sind feingliedrig, Hände, die immer gern etwas zu Basteln oder Bauen halten, und die nun am liebsten mit den Feinbauteilen der Elektronik umgehen.

Florian weiß, dass sein Vater schwer krank ist, dass es sehr ernst ist.

Ob er auch mehr weiß? Er ist liebevoll und still im Umgang mit seinem Vater.

Ein paar Tage später, als auch die Mutter krank wird und er inzwischen wieder aufstehen kann, übernimmt er ohne Murren die notwendige Versorgung der Eltern.

Die jüngste Tochter

Die „Kleine" hüpft munter auf einem Ball durchs Zimmer und zeigt begeistert die lila Gummistiefel und die Luftmatratze, die sie von einer Freundin ausgeliehen bekam. Sie rennt die Treppen hinauf zu ihrem Vater und wirft sich, allerdings mit Bedacht, ihm nicht weh zu tun, neben ihn aufs Bett. Sie plaudert unbefangen von allem und jedem mit ihm. Für sie ist seine Krankheit etwas Selbstverständliches, auf das man zwar Rücksicht nimmt, aber sie kann trotzdem noch ihr eigenes, junges stürmisches Leben neben ihm leben.

Allerdings als dann an einem Wochenende alle anderen krank sind, sagt sie, sie wolle nun auch krank ins Bett, sonst sei sie so ausgeschlossen. Wie lange wird sie noch so unbefangen auf ihrem Ball durchs Wohnzimmer hüpfen? Wie wird sie die kommende schwere Zeit überstehen? Julie ist erst dreizehn Jahre alt. Wie wird sie all die Eindrücke verarbeiten können?

Frau Mampe hat ein ruhiges sicheres Gefühl, dass es möglich sein wird, mit den Kindern zusammen diese schwere Phase des Lebens zu durchleben. Sie traut und vertraut ihren Kindern.

Sie weiß, dass die Kinder eine wichtige und reiche Erfahrung aus dieser Zeit in ihr eigenes, zukünftiges Leben mitnehmen können.

Ich bewundere Frau Mampe aufrichtig. Ich weiß, dass sie es schaffen wird.

Frau Mampe möchte hinaus. Möchte auch aus dem kleinen Haus, das ihr morgens immer so dunkel erscheint. Wir gehen über die Felder. Sie erzählt. Es ist ein Monolog des Schmerzes, der aus einem gepressten und übervollen Herzen kommt. Mit ihrem Sprechen breiten sich Bilder des Lebens vor uns aus, die so dicht werden, weil es fast ausschließlich Bilder des Leidens und der Schmerzen sind.

Während ich neben ihr gehe und versuche, aufmerksam zuzuhören, frage ich mich, ob es auch noch andere, leichtere, fröhliche Geschichten in diesem Leben gibt. Ich frage mich, wie ein Mensch diese scheinbar nie endenden Lasten trägt.

Später werde ich auch noch von anderen Episoden und kleinen Ereignissen hören, von glücklichen Erinnerungen.

Das erste Gespräch diente zunächst als Schleuse, durch die sich der lang aufgestaute Kummer und Schmerz entladen konnte.

Vor mir breiten sich Teile einer vielfältig verwobenen Lebensgeschichte aus. Alles scheint mit allem verknüpft zu sein.

Das Leid, das Schicksal der Ältesten ... Lasten der Mutter, jahrelang getragen, dann die qualvolle Entscheidung, sie in Pflege zu geben, weil die Belastungen die Möglichkeiten aller Familienmitglieder übersteigen.

Es tauchen auch Bilder auf von dem ganz besonderen Glück, das Anja schenken kann, von Erlebnissen, die davon sprechen, dass solch ein Mensch ganz andere, uns fast nicht verstehbare Reichtümer und Gaben in sich trägt. Kämpfe mit Ärzten um die Linderung der Schmerzen, ja Kämpfe um die Achtung und Würde dieses Lebens. Demütigungen und Verwundungen, die vielleicht nie ganz heilen werden. Und immer wieder, die Liebe zu diesem Kind, die auch weh tut.

„Es gab so viel zu lernen“, sagt sie ein paar Mal ..., „für meinen Mann nun wohl nicht mehr ...“, fügt sie nachdenklich hinzu.

Und nach einer kleinen Pause: „Er hatte nun wohl anderes zu lernen.“

Als ich mich von Frau Mampe verabschiede, ist der graue Schleier vor ihren Augen fort. Sicherlich wird er wiederkommen, denke ich, aber wenigstens war er einmal für eine kurze Zeit fort, einfach nur dadurch, dass sie sprach, von all dem ... und jemand da war, der zuhörte.

Nach knapp zwei Wochen geht es Herrn Mampe sehr viel schlechter. Die Krücken werden wohl nicht mehr gebraucht werden. Die Schmerzen haben zugenommen. Er leidet. Nach einigem Hin und Her bekommt er endlich stärkere Schmerzmittel. Hätte es nicht schon früher sein können? Warum erst die Erfahrung, dass nichts bleibt als Schmerzen und keine Möglichkeit, sich noch mit anderem bedenkend und klärend zu beschäftigen? Aber vielleicht hatte auch diese Erfahrung ihre Notwendigkeit und ihren Wert, den wir von außen als Betrachter manchmal nicht sehen können.

Frau Mampe wird in diesen Tagen kraftvoller, sicherer. Sie weiß sehr tief, dass diese Tage kostbare Tage sind, die sie sehr bewusst und dankbar mit ihrem Mann erleben will.

Das Telefon wird nicht immer abgenommen, manches Klingeln an der Haustür wird überhört. „Ich möchte das jetzt nicht!" Ja, sie hat Recht, so für sich selbst und ihren Mann zu sorgen. Ruhe und eine friedliche Atmosphäre, das ist das, was jetzt einzig wichtig ist.

Es gibt Nachbarn, die das auf sensible Art verstehen, eine Suppe kochen und dann wieder still gehen.

Frau Mampe ist nun viel in dem hellen Schlafzimmer im Obergeschoss. Wichtige Dinge, Banken und Ämter betreffend, sind geregelt. Frau Mampe hatte geglaubt, das nie zu schaffen. Ihr sind viele neue Kräfte zugewachsen.

Sie berichtet: Mein Mann ist manchmal in einem ganz anderen Zustand, ich würde aber nicht sagen, dass er verwirrt ist.

Gestern wollte er plötzlich „gehen".

Sie habe ihm liebevoll die Hausschuhe vor das Bett gestellt, auch die Gehhilfen wollte er noch haben. Nach einem mühsamen „sich erheben wollen" sank er dann zurück ins Bett und sagte: „Ich glaube, ich muss noch ein bisschen warten."

Ein andermal wollte er von dem Sohn die Uhr haben. Sie muss repariert werden, sagte er. Nachdem er sie lange sinnend betrachtet hatte, gab er sie mit den Worten zurück: „Nein, das ist nun nicht mehr nötig."

Seiner Frau war es so erschienen, als habe er mit diesen Worten und der Geste die hiesige Dimension der Zeit weggelegt.

„Hast du die Tüte auf der Treppe zum Keller gesehen?" fragte er seine Frau ein andermal. Auf deren sanfte Bestätigung hin sagte er weiter. „Da ist doch Brot drinnen und eine Wurst und Käse. Auch etwas Süßes für die Kinder und Limonade für unterwegs."

Als Frau Mampe ihm all das bestätigte und sich bei ihm bedankte, legte er sich ganz erleichtert in die Kissen zurück. „Ich habe doch immer gut für euch sorgen wollen ...", damit schläft er wohlig ein.

Das Telefon klingelt bei mir zu Hause. Ich denke, dass es Frau Mampe sein wird.

„Wir haben es geschafft." Das sind die Worte, mit denen sie mir mitteilt, dass ihr Mann gestern Abend gestorben ist.

Ihre Stimme ist sehr leise, aber fest. Ich kann hören, dass der Satz, mit dem sie ihre Botschaft einleitete, ganz und gar passend ist, auch in ihrer Stimme ist es zu hören: Beide haben etwas Tiefes und Wichtiges durchlebt, durchlitten und geschafft.

Später vertraut sie mir von den kostbaren Erinnerungen an diesem Abend an. Immer wieder drückt sie aus, wie reich sie sich fühle, welchen Schatz für die Zukunft sie in sich trage. Sie spricht dankbar davon, dass es ihr möglich war, ihren Mann bei sich zu Hause begleiten zu dürfen. Sei weiß, dass sie es gut geschafft hat, und das spürt man. In all ihrem Schmerz und ihrer Trauer klingt auch Zufriedenheit mit an.

Er hatte in ihren Armen liegend sterben dürfen, hatte seinen Weg in Geborgenheit und Nähe gefunden. Wichtiges war zwischen ihnen noch ausgetauscht worden, und Frau Mampe spricht selber nachdenklich davon, dass diese Zeit wohl die Zeit der tiefsten Verbundenheit zwischen ihnen beiden gewesen war.

So wie die Uhr über ihrem Bett ...

Bei der Begleitung von Frau Pfeiffer wechselten wir uns zu fünft ab. Auf diese Weise konnte Frau Pfeiffer über mehrere Tage vierundzwanzig Stunden lang versorgt und betreut werden.

Das, was fast nicht möglich schien, gelang auf eine schöne und reibungslose Art. Durch die Ablösung konnten wir auf ruhige Weise die Kontinuität der Begleitung wahren. Jeder Wechsel von Morgen zu Nachmittag oder Abend und Nacht zeigt im folgenden Bericht den Wechsel der begleitenden Person an.

Mittwoch Nachmittag

Ich wurde am Vormittag vom Hospiz-Dienst angerufen und gefragt, ob ich nachmittags Zeit für eine Begleitung hätte. Ich sagte zu.

Folgendes hatte sich zugetragen:

Frau Pfeiffer, fünfundachtzig Jahre alt und alleinstehend, war erst drei Wochen zuvor aus dem Krankenhaus entlassen worden. Sie war „austherapiert". In der letzten Nacht hatte sich ihr Zustand rapide verschlechtert. Der Notarzt wollte sie jedoch nicht mehr ins Krankenhaus einweisen, damit sie in dieser Nacht zu Hause sterben dürfe. Doch am nächsten Morgen ging es ihr wieder etwas besser, die Nachbarn mussten zur Arbeit und fühlten sich erschöpft, und die Sozialstation konnte keine „Rund-um-die-Uhr"-Betreuung übernehmen. Deshalb riefen die Nachbarn beim Hospiz-Dienst an. Für Frau Pfeiffer war dies die einzige Möglichkeit, zu Hause bleiben zu können.

Um zwölf Uhr traf ich bei Frau Pfeiffer ein. Sie lag mit neugierig blickenden Augen im Bett. Ich stellte mich vor und fragte, ob sie einverstanden sei, dass ich bei ihr bliebe. Sie freute sich, doch gleich darauf kam besorgt die Frage, was das koste. Ich versicherte ihr, es sei umsonst, worauf sie erleichtert meinte, sie hätte ja kein Geld, um so etwas zu bezahlen.

Sie erzählte dann aus ihrem Leben, und bei der Anmerkung, sie habe wohl viel Schweres erlebt, nickte sie zustimmend, fügte aber gleich hinzu, aber auch viel Schönes. Sie wolle nicht undankbar sein – und das war sie wirklich nicht. Sie war für alles, was man für sie tat, sehr dankbar und klagte nie.

Mittwoch Abend

Unter einer beängstigenden Anzahl von Namen hatte ich doch noch den ihren gefunden. Achter Stock rechts.

Im Aufzug, der lautlos nach oben gleitet, steht eine der vielen Mitbewohnerinnen des Hauses. Ich denke: Ob sie wohl weiß, dass eine ihrer Nachbarinnen im Sterben liegt. Aber wir schweigen beide. Ich gehe den langen Gang entlang, 115, da ist es. Jemand öffnet die Wohnungstür, und ich werde in das kleine Schlafzimmer geleitet. Vier, fünf Menschen stehen dort und unterhalten sich. Dann sehe ich sie erst, Frau Pfeiffer, für die ich gekommen bin.

Sie liegt mit aufgerichtetem Rücken in einem schmalen Bett. Das erste was ich sehe: Sie hat einen wunderschönen Kopf, feingeschnittene Züge, ein gütiges, freundliches Gesicht. Weiße Haare umrahmen das Greisinnengesicht.

Wir begrüßen einander, ihre schmale Hand liegt ganz leicht in der meinen. Sie lächelt mich warm und vertrauend an. Was hatte sie wohl damals gedacht, als es hieß, „man könne nichts mehr für sie tun?“ Welche Ängste, Sorgen und Befürchtungen hatte sie wohl mit nach Hause genommen? Wie viel Kraft hatte sie gehabt, sich in eine solche Situation zu fügen? Sie hatte gewusst: Eigentlich war niemand da für sie, der sie pflegen konnte und auf den sie sich verlassen konnte.

Aber es war ganz anders gekommen. Vier Menschen, die auch irgendwo in der Nähe von Frau Pfeiffer wohnten, hatten sich zusammengefunden und verantwortlich gefühlt.

Je länger ich den Nachbarn später im Gespräch zuhöre, um so mehr wächst meine Achtung ihnen gegenüber. Menschen, die berufstätig waren, hatten ihre Bequemlichkeit aufgegeben, hatten Ängste überwunden, hatten auf Schlaf verzichtet. Einkäufe zwischendurch gemacht, den Arzt gerufen, wenn es notwendig wurde, hatten beruhigt und getröstet, hatten etwas zum Essen gebracht oder einfach an ihrem Bett gesessen.

„Wie gut, dass Sie gekommen sind …“ Hinter diesen Worten klingt die große Last und Sorge mit, die diese Menschen nun so lange trugen. „Wir hätten es nicht mehr alleine geschafft …“

Ich bemühe mich im Gespräch, das Gefühl von Schuld und Versagen aufzulösen. Im Gegenteil, wie achte und bewundere ich sie für ihren freiwilligen Einsatz und ihre Tatkraft.

Eine der Nachbarinnen vertraut mir dann noch an, dass sie das Gefühl habe, Frau Pfeiffer könne deshalb noch nicht sterben, weil sie sich Sorgen mache. Sie habe Angst, das Geld reiche nicht für die Miete, die Stromrechnung und die Beerdigungskosten.

Später spreche ich ein wenig mit Frau Pfeiffer über dies und das. Unvermittelt sagt sie mit einem ganz bangen Gesicht: „Ich kann Sie doch gar nicht zahlen ... und da sei noch ein Brief gekommen, es seien wohl Schulden ..." Wir sprechen miteinander, offen vertrauend. Als ich hinausgehe, das Licht sorgsam lösche, strahlt sie mich an und sagt: „Ja, ich glaub's nun, dass Sie das umsonst machen" und mit einer ganz leisen Stimme gesprochen höre ich noch, „ich wusste gar nicht, dass es Menschen gibt, die so etwas tun."

Ich werde Frau Pfeiffer in anderthalb Tagen wieder sehen ... denke ich, oder hoffe ich, als ich das Haus verlasse.

Mittwoch Nacht

Claire Pfeiffer empfängt mich freundlich, zerstreut meine Bedenken, dass sie sich nun schon wieder an ein neues Gesicht gewöhnen müsse.

„Ich bin doch froh, dass ich heut Nacht nicht alleine sein muss", sagt sie. Zwischen neun und zehn am Abend sitze ich an ihrem Bett. Über ihr schönes, gleichmäßiges Gesicht huscht immer wieder ein Lächeln. Sie erzählt mir, wie gern sie hier wohnt, nun schon beinah zwanzig Jahre lang. Ich solle doch mal auf den Balkon gehen und auf die Stadt runterschauen. Der Blick ist wirklich wunderschön. Sie erzählt mir von den vielen Silvester-Feuerwerken, die sie hier erlebt hat. Sie verlangt zwischendurch immer wieder einen Schluck zu trinken und seufzt: „Ach, was ist Kamillentee köstlich, und ich hab ihn ein Leben lang so verachtet, weil ich ihn als Kind trinken musste, wenn ich krank war. Sie müssen wissen, ich bin eine gebürtige Allgäuerin, und bei Ihnen hab ich auch gleich gemerkt, dass Sie aus Bayern sind.

Wir waren acht Kinder zu Hause, meine Geschwister sind schon alle gestorben."

Dann schläft sie ein. Immer mal wieder hat sie Durst in dieser Nacht, oder sie möchte die Kissen ein wenig verändert haben. Um diese Dienste bittet sie jedes Mal lieb und entschuldigt sich, dass sie mich „schon wieder" braucht. Ihre größte Sorge ist, dass ich die ganze Nacht ein Licht brennen habe im anderen Zimmer, „was das kostet, das ist doch mindestens eine 60er Birne, wissen Sie, ich hab beruflich viel mit Zahlen zu tun gehabt, ich kenn mich aus mit Rechnen!"

Donnerstag Morgen

Um neun Uhr soll ich bei Frau Pfeiffer sein. Ich habe mich verfahren und bin in Eile. Endlich bin ich dort. Sofort ist der ganze Verkehrsstress vergessen. Die Wohnung von Frau Pfeiffer ist still und ruhig, ich nehme sehr deutlich wahr, dass ich zu einem Menschen komme, der im Sterben liegt.

Die Schwere der Krankheit zeigt sich mir, als ich ihre ganz dicken geschwollenen Beine und Füße sehe. Vielleicht spürt sie meine Betroffenheit, als sie von ihrem Bauch spricht: „... der sieht so aus, als ob ich Zwillinge erwartete ..." Sie begegnet mir in einer Offenheit und Unbekümmertheit, die mich staunen lässt. In ihren Augen ist viel Fröhlichkeit. Sie hat keine Scheu, offen über ihren nahen Tod zu sprechen. Sie sagt mir ganz schlicht, dass sie dann zu Gott gehen würde. Ihre Angst gilt ihrem schweren Körper und der Sorge, dass meine Kraft nicht ausreichen könne, sie auf den Nachtstuhl zu setzen. Es klappt jedoch gut, und später sitzt sie sogar im Rollstuhl lange Zeit auf dem Balkon und genießt den herrlichen Blick auf den nahen Park und die Hügel der Stadt. Ich freue mich mit ihr über die schöne Aussicht, spüre ihre Ruhe und den inneren Frieden. Wir sitzen nebeneinander und danken für diesen schönen Augenblick.

Donnerstag Nacht

Diesmal komme ich zur Nachtwache.

Ich sehe, dass sich der Gesundheitszustand von Frau Pfeiffer inzwischen doch sehr verschlechtert hat.

Die Nacht wird für Frau Pfeiffer sehr schwer. Sie kann nicht schlafen, hat Schmerzen, die Zeit vergeht nicht.

„Ach, wenn ich doch nur sterben könnte", sagt sie zwei-, dreimal ganz leise.

Die Schmerztropfen nimmt sie nur zögernd an. Ich versuche zu verstehen, was der Grund ist. Sie sagt mir, dass sie glaube, dass zu ihrem jetzigen Zustand eben Schmerzen und Leiden gehören. Gegen Mitternacht frage ich sie dann noch einmal, ob sie nicht doch welche nehmen möchte. Eine halbe Stunde später kann sie dann auch wieder ein wenig lächeln, und fast verschmitzt sagt sie mir:

„Ja, es war schon gut, dass ich auf Sie gehört habe, es geht mir jetzt besser."

In dieser Nacht muss sich Frau Pfeiffer immer und immer wieder übergeben. Sie ist gequält und kraftlos. „Das schöne Nachthemd, nun ist es wieder daneben gegangen ..." Wir beschließen, dass ich ein neues aus dem Schrank nehme. Und ich bekomme die Erlaubnis, es auf der Rückseite mit einer großen Schere aufzuschneiden.

Während ich die lange Bahn bis zur Halsöffnung hinaufschneide, lacht Frau Pfeiffer. Ihr Lachen klingt vergnügt. Ich schaue sie an und lache auch ... Wir beide hatten bisher nie im Leben einfach so ein schönes Nachthemd mit der Schere aufschneiden dürfen ...

Als ich mich am Morgen zum Aufbruch fertig mache, fragt Frau Pfeiffer mich unvermutet, ob heute Sonntag sei. Ich verneine. Es ist Donnerstag.

Sie fragt noch einmal, ob ich am Sonntag wiederkomme ...

Es ist etwas Seltsames um diese Frage.

Und auch die Uhr über ihrem Bett betrachtete ich noch einmal. Ein Nachbar hatte mir gesagt, „die ist schon vor längerer Zeit stehen geblieben".

3.45 zeigen die unveränderlichen Zeiger an.

Freitag Nachmittag

Frau Pfeiffer freut sich, dass ich wiederkomme. Ich lese ihr ein kurzes Märchen vor. Sie lächelt vor sich hin und erzählt, wie das im Krieg war, als sie ihren Mann kennen lernte. „Ganze 28 Tage war ich verheiratet, dann ist er gefallen. Das war schlimm für mich, aber es ging ja vielen so."

Ein Nachbar kommt. Er hilft, sie in den fahrbaren Stuhl zu setzen. Wir schieben sie an die offene Balkontüre. Sie genießt die Aussicht in den Sommernachmittag.

„Ja, sagt doch selber Leute, sitze ich nicht da wie ein König." Dann hat sie Hunger und will ins Bett zurück. Als ich ihr das „Hafersüpple" füttere, meint sie kopfschüttelnd: „Wer hätte das gedacht, dass die Klärle mal daliegt und gefüttert wird." Sie würde so gerne noch „ein Schlückle" Bier trinken. Bereitwillig holt der junge Nachbar noch ein „Fläschle“, überhaupt die Hausgemeinschaft! Ich muss Vorurteile über die Lieblosigkeit und die Anonymität in Hochhäusern abbauen.

Das Süpple und der Schluck Bier sind ihr nicht gut bekommen. Gegen Abend geht es ihr schlecht. Sie will nur noch Tee.

Freitag Nacht

In dieser Nacht musste Frau Pfeiffer immer wieder erbrechen. Mitten in der Nacht war es notwendig, einen Nachbarn zu bitten, mir beim Betten zu helfen. Für ihn war diese Hilfe selbstverständlich.

Samstag Nacht

Frau Pfeiffer erkennt mich, aber hat keine Lust zu sprechen. Sie ist sehr schwach geworden. Sie streckt mir ihre Hand hin, ich halte sie in der meinen. Ganz wach und aufmerksam liegt sie da und hört zu wie ich singe „Der Mond ist aufgegangen“. Es ist eine zauberhafte Stimmung im dämmrigen Raum. Die Geräusche eines warmen Sommerabends dringen von den Anlagen unten herauf. Mit nur wenigen Unterbrechungen geht die Nacht ruhig dahin.

Am Morgen verabschiede ich mich von ihr.

Sonntag Morgen

Heute finde ich eine sehr veränderte Frau Pfeiffer vor. Sie sieht nun eingefallen aus, hat nur noch wenig Interesse an dem, was um sie herum vorgeht und dämmert viel vor sich hin. Ganz leise spiele ich ein paar Choräle und summe zu Akkorden Lieder auf der Gitarre, die ich mitgebracht habe. Dann sitze ich still, betrachte ihr klein gewordenes Gesicht, sehe ihren kranken Körper. Ich denke nach über ihr Leben, über mein Leben und lasse die Zeit verstreichen.

Am Mittag verabschiede ich mich von ihr, wissend, dass ich sie nicht mehr wiedersehen werde. Ich danke ihr für diese zwei Begegnungen, die mir vermittelten, mit welcher Ruhe ein Mensch dem Tod entgegengehen kann.

Sonntag Mittag

Frau Pfeiffer schlief einfach viel in dieser Zeit, zwischendurch war sie ansprechbar und klar.

Auf die Frage, ob ich frischen Tee kochen solle, meinte sie: „Den brauche ich nicht mehr."

Immer wieder fragte sie nach der Uhrzeit. Ich dachte, sie wartete auf ihre Freundin, die ihren Besuch angesagt hatte. Diese Freundin wollte um 14.30 Uhr kommen. Eine halbe Stunde vorher sagte ich zu Frau Pfeiffer: „Jetzt dauert's nicht mehr lange." Worauf sie antwortete: „Die sehe ich nicht mehr."

Als ihre Freundin kam, war Frau Pfeiffer in einen Dämmerzustand übergegangen und nicht mehr ansprechbar.

Sonntag Nacht

Als ich komme, sitzt eine Nachbarin am Bett von Frau Pfeiffer. Sie, die in letzter Zeit viele Stunden an ihrem Bett saß, fragt mich, ob sie diese Nacht auch hier bleiben könnte; alleine wolle sie aber nicht bleiben, es wäre das erste Mal, dass sie bei einer Sterbenden wäre.

Frau Pfeiffer ist inzwischen wieder bei vollem Bewusstsein und reagiert klar auf Fragen. Gegen Mitternacht lesen wir einige Gebete und Psalmen, da ich von der Nachbarin von der religiösen Einstellung Frau Pfeiffers weiß.

Danach ist langes Schweigen und Stille.

Frau Pfeiffer fragt immer wieder nach der Uhrzeit, denn sie müsse doch auf den Bahnhof, und sucht nach ihrer Uhr am Arm. Wir sagen ihr die Zeit und sie nickt.

Gegen zwei Uhr morgens fragen wir sie, ob wir ein Lied singen sollen. Sie nickt, und wir singen leise ein Marienlied. Über ihrem Bett hängt eine geschnitzte Madonna.

Frau Pfeiffer wird unruhig, bewegt ihre Arme und fragt wieder nach der Zeit. Ich spüre eine innere Uhr bei ihr. Ich frage sie, ob sie Angst hätte. Sie nickt, und ich sage ihr, wir würden beide die ganze Nacht bei ihr bleiben.

Ihr sehe, dass ihr Gesicht langsam einen anderen Ausdruck bekommt. Ihre Nase wird weiß.

Nach drei Uhr verändert sich ihr Atem merklich und sie fängt an zu röcheln.

Die Nachbarin nimmt sie in den Arm, sie will ihr durch das Anheben etwas Erleichterung verschaffen. Wir spüren beide, dass sich nun das Ende vorbereitet.

Der Ausdruck ihrer Augen wird sehr intensiv. Etwas Angstvolles, Flehentliches ist auch in ihrem Blick. Es ist schwer zu beschreiben.

Ihr Atem verlangsamt sich, die Augen verändern ihren Ausdruck, und sie liegt entspannt auf den Kissen.

Immer wieder ein Ausatmen. Die Abstände werden immer größer.

Wir beiden Frauen stehen am Bett und schweigen. Es gilt dazusein, aber diesen so intimen Prozess nicht zu stören.

Was geschieht wirklich in diesen Minuten über das für uns Wahrnehmbare hinaus? Bei allem Glauben und Hoffen – ein Mysterium.

Der Tod ist eingetreten. Wir schweigen. Dann sprechen wir zusammen ein Vaterunser.

Wir schließen Frau Pfeifer behutsam die Augen. Die Nachbarin holt ein Tuch und bindet ihr das Kinn hoch. Ich lege ihre Hände ineinander. Alles geschieht in großer Stille. Ich hole im Nebenzimmer aus dem Blumenstrauß eine Nelke und lege sie auf ihr Bett. Auf die Brust legen wir ihr ein kleines Bildchen ihres Mannes.

Wir zünden zwei Kerzen an. Im Wohnzimmer schreibe ich noch die genaue Uhrzeit ihres Todes auf: 3.45 Uhr, so wie die Uhr über ihrem Bett, die vor vielen Tagen stehen geblieben war.

Sie wollte doch immer die Uhrzeit wissen und zum Bahnhof gehen. Nun hat sie ihre ganz persönliche letzte Reise angetreten.

Wir halten Totenwache. Ich lese Texte aus dem Johannesevangelium. Es ist still und friedlich im Raum.

Um fünf Uhr morgens rufen wir die Nachbarn. Jeder nimmt auf seine Weise Abschied von der Toten.

Der Morgen graut. Ich verabschiede mich von den Nachbarn und fahre nach Hause.

Dass das Sterben so schwer sein kann

Die Wirklichkeit des Sterbens – immer wieder begegnen uns Vorstellungen und Aussagen, die dieses Geschehen zu „schön", zu „glatt" und problemfrei darstellen. Aber ebenso häufig ist wohl die Einstellung, dass das Sterben nur grausam, verzweiflungsvoll und sogar abstoßend und hässlich sei.

Oft erfahren wir von Sterbenden, wie schwer ihnen das Sterben wird. Einerseits schwer, weil das Leben losgelassen werden muss, andererseits wird aber der Tod auch herbeigewünscht, weil das Leben so nicht mehr ertragen wird.

Dem Begleitenden selber teilt sich diese Schwere und Last mit, wenn er wirklich bereit ist, diese Lebensepoche mit dem Anderen offen zu teilen, wenn er die Schwere dieser Zeit wirklich in seinem Herzen zulässt.

In der Begleitung eines sterbenden Menschen kommen auch wir an unsere eigenen Grenzen. Wir zweifeln an unserer Fähigkeit, uns dem Anderen bedingungslos zuzuwenden und hinterfragen unsere Hilfe.

Manchmal müssen wir um bessere äußere Bedingungen für den sterbenden Menschen kämpfen, da er selbst nicht mehr die Kraft dazu hat. Manchmal erkennen wir hinterher dann schmerzlich, dass wir zwar unser Möglichstes getan haben – aber unser Versprechen doch nicht halten konnten.

Auch erleben wir nicht immer Vertrauen und Offenheit vom sterbenden Menschen uns gegenüber. Bedingt durch seine Erkrankung oder seine Lebensgeschichte fällt es ihm schwer, sich zu öffnen; seine Gefühle schwanken zwischen Ablehnung, Misstrauen, Verletzung, und dann wieder kommen Signale, dass er unsere Hilfe braucht. Dadurch werden wir immer wieder in unserer inneren Haltung geprüft. Geprüft, ob wir den Anderen wirklich in seinen Lebenszusammenhängen verstehen können, oder ob wir in unseren eigenen Gefühlen der Verletzung, der Kränkung gefangen bleiben. Wir fragen uns dann, ob wir diesen Dienst wirklich ohne Erwartungen nach Anerkennung, nach erfüllenden Gesprächen und Nähe machen.

Wie die Pflanzen wachsen, gedeihen, vergehen und wieder Neues entsteht

Herr und Frau Baum verdienen ihren Lebensunterhalt mit einem eigenen Geschäft, in das sie ihre ganze Kraft einbrachten. Notwendige Umstellungen und Veränderungen in seinem Betrieb hatten Herrn Baum in eine schwere psychische Krise gebracht, sodass er stationäre Behandlung brauchte. Zu diesem Zeitpunkt erhielt Frau Baum nach einer Operation die Diagnose: Krebs mit Metastasen in verschiedenen Organen. Was nun, wie sollte, konnte es weitergehen?

Gegen den Widerstand des Arztes holte die Familie den Vater nach Hause. Zur Familie gehören fünf erwachsene Kinder, wovon drei noch bei den Eltern leben. Herr Baum wurde in den ersten Wochen ambulant von einer Therapeutin betreut. Sie erkannte bald, dass Frau Baum seelische Unterstützung benötigte. Die Therapeutin riet der Familie, das Hospiz um Hilfe zu bitten.

Mein erster Besuch bei Frau Baum findet statt. Auf dem Weg dorthin beschäftigen mich viele Fragen und Gedanken.

Dann stehen Frau Baum und ich uns gegenüber. Sie ist etwa fünfzig Jahre alt, um den Kopf trägt sie ein Tuch gebunden. Die fehlenden Haare, ausgefallen durch Chemotherapie, sind das einzige äußere Zeichen, das auf ihre Krankheit hindeutet. Zunächst wirkt sie sehr scheu auf mich, doch im Gespräch ändert sich das schnell. Sie erzählt mir den Verlauf ihres Leidensweges: fünf Operationen in anderthalb Jahren, dann die Chemotherapie. Sie fragt sich, ob das gut war! Jetzt will sie nichts mehr machen lassen.

Bis jetzt geht es ihr noch gut. Schmerzen hat sie keine. Ängste sind da. Hilflos zu sein, auf andere angewiesen zu sein, – doch sie ist auch froh, erwachsene Kinder zu haben. Kleine Kinder zurücklassen zu müssen, das wäre für sie sehr schlimm.

Sie spürt, dass Freunde ihr gegenüber nun befangen sind, und sie versucht, ihnen mitzuteilen: „Seht, ich lebe noch, und ich möchte normal behandelt werden."

Zu Angehörigen von Freunden, die an Krebs gestorben sind, hält sie Verbindung: Die haben keine Scheu vor ihr, und sie versteht diese jetzt auch besser.

Ich kann es nicht fassen, diese Frau soll sterbenskrank sein? Sie wirkt auf mich ruhig und gefasst.

Nach einigen Wochen verschlechtert sich der Zustand von Frau Baum. Die Metastasen breiten sich aus. Ihre rechte Hand und das rechte Bein werden gefühllos. Ab und zu bekommt sie jetzt Krampfanfälle. Anschließend fühlt sie sich tagelang elend.

Schwer aushalten kann sie die Ungewissheit: Wie lange wird es noch gehen? Was kommt noch alles auf mich zu?

Herr Baum arbeitet jetzt sehr viel. Seine Frau kann es verstehen. Sie weiß, dass es seine Art ist, mit der Tatsache ihrer Krankheit umzugehen. Er braucht seine Arbeit, um einen Weg zu finden, diese Krankheit anzunehmen.

Während des Sommers erlebt sie noch die Geburt eines Enkelkindes, auf das sie sich sehr gefreut hat. Gute und schlimme Tage wechseln sich ab. Eine Körperhälfte wird zusehends gefühlloser und das Gehen fällt immer schwerer.

Nach und nach lerne ich die ganze Familie kennen, die mich ohne viel Worte mit einbezieht und teilhaben lässt an ihrem Leben.

Eindrücke und Gefühle eines Besuchs sind mir besonders in Erinnerung. Frau Baums Sohn war mit dem Neugeborenen da. Der Säugling schlief im Krankenbett der Großmutter. Wir unterhielten uns über Frau Baums Befinden, das Fortschreiten der Krankheit.

Ganz ruhig spricht sie über das Sterben, stellt eine Verbindung her zur Natur: wie Pflanzen wachsen, gedeihen, vergehen und wieder Neues entsteht. Auch wenn sie an das Wunder der Geburt denkt, wie vollkommen ein Kind geboren wird, – da glaubt sie einfach, dass das Leben mit dem Tod nicht zu Ende sein wird. In solchen Augenblicken des Gesprächs gibt es keine Zeit mehr, und es gibt viel, sehr viel, was ich als Begleitende zurückbekomme. Da gibt es nichts mehr zu fragen, nur abzuwarten und zuzuhören.

Mit immer wieder Neuem muss sich Frau Baum auseinander setzen. Nach mehreren Krampfanfällen sitzt sie nun gelähmt im Rollstuhl.

Sie hat ihr ganzes Leben lang gearbeitet, wäre noch gerne ins Ausland gereist, um eine dort lebende Freundin aus ihrer Schulzeit zu besuchen. – „Das geht nun nicht mehr! So ist es jetzt eben." Sie sitzt da, lächelt. Für mich verkörpert sie in ihrem Sterben so viel Leben.

Nicht immer kann sie ihre Krankheit so annehmen. Es gibt auch Tage, an denen sie verzweifelt und traurig ist. Dann frage ich mich: Kann ich ermessen, was in dieser Frau vorgeht, gefangen in ihrem Leiden? Kann ich hier überhaupt hilfreich sein? Da helfen keine Ratschläge, ich kann ihr nur zeigen, ich bin bereit, sie in ihren Ängsten, ihren Hoffnungen und Fragen zu begleiten.

Konflikte, die sie mit Nahestehenden hatte, beschäftigen sie. Hätte ich mich anders verhalten sollen? Oder, habe ich meine Kinder richtig erzogen? Im Gespräch findet sie zu ihren eigenen Lösungen.

Sie genießt es, mit ihrer Familie, mit Freunden, die sie regelmäßig besuchen, zusammen zu sein, am Kaffeetisch zu sitzen, von gemeinsamen Erlebnissen zu erzählen. Dann wird auch gelacht. „Wir wollen es uns, solange es geht, schön machen", sagte sie dann.

Die Familie kümmerte sich und versorgte sie liebevoll, doch immer wieder gibt es Situationen, wo ganz deutlich wird, wie hilfreich meine Anwesenheit als Außenstehende ist.

Nachts wird sie oft wach, dann fühlt sie sich sehr allein, hinzu kommt auch Angst, nicht mehr rufen zu können, den noch gesunden Arm nicht mehr heben zu können, um die Glocke zu erreichen, die ihren Mann im oberen Stockwerk weckt. Nähe möchte sie haben, Nähe, die sie fühlen kann.

Wie kann sie dieses Bedürfnis ihrem Mann mitteilen, der aus Verzweiflung immer wieder in seine Arbeit flüchtet?

Mein Vorschlag, uns alle auch mit Herrn Baum zusammenzusetzen, wird von Mutter und Tochter sofort dankbar angenommen. Als ich am Abend Familie Baum besuche, bin ich aufgeregt: Wird diese Aussprache gelingen, wird es gut gehen?

Frau Baum öffnet sich sehr schnell im Gespräch, doch mühsam formuliert sie ihre Gedanken, ihre Bedürfnisse, da das Sprechen ihr zunehmend Mühe macht. Obwohl sie versteht, dass für ihren Mann die Arbeit wichtig ist, möchte sie jetzt öfter mit ihm zusammensein, „da ich ja nicht weiß, wie viel Zeit mir noch bleibt", sagt sie weinend. Plötzlich wird ihr Mann von Schluchzen geschüttelt. Den Ausdruck ihrer Augen werde ich nicht vergessen: Erstaunen, Erleichterung. In diesem Moment den Schmerz endlich gemeinsam tragen zu können – da sind keine Worte mehr nötig.

Auch ich bin still geworden – ich spüre deutlich, wie ich zum Katalysator für diese Menschen werde, um Gefühle und Bedürfnisse einander mitzuteilen.

Bei meinem letzten Besuch diese Woche hatte Frau Baum Atembeschwerden und Schmerzen in der Lunge: Die Metastasen breiten sich weiter aus. Sie weint, – was wird noch alles kommen? Niemand weiß es.

Die Schmerzen in der Lunge und die Atemnot werden wieder besser. Die Zeit vergeht, es wird Advent. Ohne Rückenstütze kann Frau Baum jetzt nicht mehr sitzen. Die Kinder und Enkelkinder sind zu Besuch. Eine Kerze am Adventskranz wird angezündet. Wir singen zusammen mit den Kindern. Frau Baum weint. Abschiednehmen schmerzt immer wieder erneut, sie glaubt, sie wäre darüber hinweg. Wie um sie zu trösten, bettelt das älteste Enkelkind: „Bitte Oma, sing noch mal – du singst am schönsten, bitte."
Ja, sie singt am schönsten – sie hat eine warme Altstimme. Jetzt glänzen die Augen der Kinder vor Tränen. Wie viele Erinnerungen mögen sie mit dieser Stimme verbinden.

Frau Baums alter Vater und ihr Bruder kommen einige Tage zu Besuch. Davor hat sie Angst. Der Vater möchte nicht wahrhaben, dass sie so krank ist. Das strengt sie an.

Ein Krankenhausaufenthalt von einigen Tagen ist auch noch eine Station ihrer Leidenszeit. Qualvolle Tage – sie möchte lieber sterben als hier im Krankenhaus liegen. Herr Baum streichelt behutsam ihre Stirn. Sie weinen zusammen. Sie möchte anders liegen. Vater und Sohn betten sie, solange ich das Baby auf dem Arm halte. Herr Baum erzählt mir, dass er sie nachts mehrmals anders gebettet hatte. Er machte es sorgfältig, geschickt, fragte sie, ob es ihr so bequem sei. Wie hat er sich verändert. Jetzt, nachdem sie gemeinsam ihren Schmerz tragen können, muss er nicht mehr in seine Arbeit flüchten. Als die Untersuchungen abgeschlossen sind, darf Frau Baum wieder nach Hause. Hier in ihrem vertrauten Kreis fühlt sie sich wohl. Sie sitzt wieder in ihrem Lehnstuhl und nimmt am Leben der Familie teil.

In der Weihnachtszeit treffe ich bei ihr zwei Frauen aus ihrem Chor an. Sie haben Frau Baum die Aufzeichnung des Weihnachtskonzerts mitgebracht, bei dessen Proben sie am Anfang noch mit dabei war. Sie möchte es hören, auch wenn sie ab und zu weinen muss. Wir alle werden still bei den reinen Klängen der Choräle, auch sie wird ruhig, weint nicht mehr.

Wir sprechen lange nichts, sitzen einfach zusammen in dieser Runde. Später möchte sie mit uns zusammen Kaffee trinken. Eine große Runde sitzt nun um den Tisch. Ihre Kinder sind da, und auch ihr Mann setzt sich zu uns. Es wird erzählt, gelacht – und dann folgt auch wieder Schweigen, das die Kostbarkeit und die Vergänglichkeit dieses Augenblicks bewusst macht.

Frau Baums Kräfte lassen nach. Weihnachten feiert sie noch mit Kindern und Enkelkindern. Das Jahr vollendet sich. Frau Baum ist jetzt nicht mehr bei Bewusstsein. Sie atmet schwer. Immer wieder erzählt mir ihr Mann, dass sie nach Weihnachten aufgehört hat zu essen, auch ihre Medikamente nicht mehr einnimmt. Immer wieder wiederholt er diese Tatsache. Nachdenklich und sehr traurig verlasse ich sie.

Im Jahreswechsel erlangt sie nochmals das Bewusstsein. Einige Tage danach hört sie auf zu atmen. Ihre Tochter ist bei ihr.

Am Tag der Beerdigung sehe ich sie zum letzten Mal. Ich bin allein mit ihr in dem Raum, in dem sie aufgebahrt ist. Ihr Gesicht, umrandet von ihren dunklen Haaren, ist für mich wunderschön. Sie hatte sich sehnlichst gewünscht, dass ihre Haare wieder wachsen. Mein Blick wandert zu ihren Händen, sie sind mir jetzt sehr fremd. Zu ihren Füßen liegen Blumen in kräftigem Rosa. Die Farbe mochte sie besonders gern. Immer wieder schaue ich sie an. In meinen Schmerz mischt sich auch Dankbarkeit. Leise schließe ich die Tür.

Nicht ins Krankenhaus!

Als ich mich zur Begleitung Schwerkranker und Sterbender entschloss, dachte ich an ein friedliches, liebevolles Dabeisein. Ich war nicht darauf eingestellt, „kämpfend“ Partei zu ergreifen, etwas durchzusetzen.

Erste Begegnung

Frau Kraus litt an Lateralsklerose, einer Krankheit, die eine fortschreitende Lähmung verursacht.

Beim ersten Besuch kam sie mir entgegen, schmal und groß, geistig und körperlich sehr beweglich, wach und herzlich. Welch ein Glück, einen trotz schwerster Erkrankung so heiteren Menschen begleiten zu dürfen, waren meine Gedanken.

Ihr Mann, Herr Kraus, still und sanft, überlässt ihr „die Unterhaltung“, – obwohl sie seit Monaten kein Wort mehr sprechen kann. Eine prägnante Gestik, lebhafte Mimik und gewandter schriftlicher Ausdruck auf den überall bereitliegenden Schreibblöcken machen den Austausch möglich.

Ihre Nahrung, die über ein Schläuchlein direkt in den Magen geht, bereitet Frau Kraus, möglichst abwechslungsreich, noch selber zu.

Für die übrige Hausarbeit, auch die Körperpflege und die medizinischen Maßnahmen, kommen täglich noch andere Menschen ins Haus.

Das Alters- und Pflegeheim

Beim zweiten Besuch nennt sie ihr derzeitiges Problem. Sie möchte sich über Alters- und Pflegeheime informieren, möchte sich und ihren Mann anmelden. Andererseits hat sie jedoch Angst, eines Tages in ein Pflegeheim zu müssen. Zu ihrem eigenen Zwiespalt kommt ein anderer hinzu: Ihr Mann stellt sich ganz gegen diesen Plan. Er wiederholt, ihn brauche man nirgends anzumelden: „Ich bleib, wo ich bin.“

Dagegen möchten die vier erwachsenen Kinder ihre Eltern in einem Alters- und Pflegeheim gut versorgt wissen.

Dieser Zwiespalt belastet Frau Kraus zur Zeit mehr als die Krankheit. Sie weint bitterlich. Auf einen Zettel schreibt sie: „Meine Kinder wollen mich ...", sie streicht das „mich" durch, „wollen das Problem los sein, darum das Heim."

Wie soll ich mich verhalten? Erst als ich herausspüren kann, was Frau Kraus wirklich will, kann ich handeln. Ich entscheide mich, eindeutig für Frau Kraus da zu sein und mit aller Aufmerksamkeit herauszufinden, was für sie das innerlich Richtige ist, für sie, die im Ausdruck und Durchsetzen ja sehr eingeschränkt ist, zum Beispiel nicht telefonieren kann. Ich habe inzwischen verstanden, dass ihr ganzes Streben dahin geht, zu Hause zu sterben, dass sie sich aber um den zurückbleibenden Mann sorgt und es für ihn in Kauf nehmen würde, mit ihm zusammen in ein Altersheim umzusiedeln. So informiere ich mich zwar über verschiedene Pflegeheim-Möglichkeiten, versuche andererseits, in langen Gesprächen den Töchtern deutlich zu machen, dass es für ihre Mutter nicht das beste wäre, möglichst schnell in ein Heim zu kommen.

Das Krankenhaus

Eine weitere Angst von Frau Kraus richtet sich auf eine mögliche Krankenhaus-Einweisung, die aber zu diesem Zeitpunkt gar nicht notwendig scheint.

Umso erschrockener bin ich, als ich höre, dass sie plötzlich und ohne akute Veränderung ins Krankenhaus eingewiesen wurde.

„Zur allgemeinen Stabilisierung, zur Gewichtszunahme und um alle Möglichkeiten auszuschöpfen", so erklärt es der Arzt.

Im Krankenhaus erlebe ich sie zum ersten Mal vollkommen elend. Aus dem gewohnten Tagesrhythmus mit ihrem Mann und den anderen helfenden Menschen war sie herausgerissen. Nun der Krankenhausunruhe ausgesetzt sowie verschiedenen Maßnahmen, von denen selbst die Ärzte sagten, man wisse nicht, ob sie helfen, wolle es aber versuchen, schien sie zusehends schwächer zu werden. Sie nimmt nicht zu, sondern ab. So wird dieses Experiment abgebrochen, und man entlässt sie nach einer Woche nach Hause. Von einem dieser Krankenhausbesuche bei ihr behielt ich einen Zettel mit den abgerissenen Sätzen: „Der Arzt-alles tun-es soll Liebe, aber-vergewaltigen mich!"

Die Ernährung

Vom Krankenhaus zurückgekehrt, gibt es ein neues Problem: die Ernährung. Die Kinder hatten eine Frau engagiert, um die Eltern gut bekochen zu lassen.

Bei meinem nächsten Besuch treffe ich Frau Kraus blasser als sonst und sehr bedrückt an. Auf verstohlen gekritzelten Zettelchen teilt sie mir mit, dass sie ihr Essen nicht mehr selbst zusammenstellen dürfe, fast ausschließlich Astronautenkost bekomme und jetzt auch die Verdauung streike. Auf dem Zettel steht: „Ich würde gern selber. Jetzt ist doch Spargelzeit. Aber sie lassen mich nicht." Frau Kraus weint. Nach dem Besuch telefoniere ich mit dem Arzt.

Am nächsten Tag hat Frau Kraus frische Spargel zum Mittagessen, am übernächsten frische Erdbeeren mit Bananen! Sie nimmt das Gemüse und die Früchte vorher in die Hand, riecht daran, schaut sie an. Auch mir wird bewusst, dass Ernährung mehr ist als Nahrungsaufnahme.

Es ist Tasten, Riechen, Sehen – in Verbindungsein mit lebendig Gewachsenem.

Sterben, Tod und Abschied

Es beginnt eine Zeit der größeren Ruhe, für das Ehepaar ein fast heiteres Gleichmaß der Tage.

Aber dann spricht Herr Kraus auf dem Flur flüsternd das erste Mal von der Möglichkeit ihres Sterbens.

Bei seiner Frau werden die lebhaften Bewegungen immer langsamer und der Speichel immer zäher.

Herr Kraus erzählt auch, der Arzt habe für ihn einen stationären Krankenhausaufenthalt vorgeschlagen, um verschiedene chronische Beschwerden abklären zu lassen.

„Aber ich kann doch jetzt nicht weg von meiner Frau! Sie könnte ja sterben, gerade wenn ich fort bin. So schlecht geht's mir ja auch nicht!"

Ich meine, er solle dem Arzt seinen Wunsch, jetzt nicht fort zu müssen, mitteilen.

Zufällig bin ich da, als eine Woche später der Anruf vom Krankenhaus kommt, ein Bett sei frei. Herr Kraus möge morgen kommen.

Im Brustton eines energischen Entschlusses teilt er ihnen mit, er könne nicht fort. Verschmitzt blinzelt er mir zu. Ich gehe diesmal etwas eher fort, um die beiden nicht zu stören. Strahlend hat er sich neben seine Frau aufs Sofa gesetzt und nimmt ihre Hand. Sanft streichelt sie ihn und lässt ihren Kopf an seine Schulter sinken.

Frau Kraus braucht inzwischen mehr Betreuung, auch bei der Körperpflege und beim Anziehen. Die Schwestern von der Diakoniestation kommen morgens, aber es wäre gut, wenn tagsüber immer jemand in der Nähe sein könnte.

Als ich das nächste Mal zu Frau Kraus komme, bin ich selber ratlos und unruhig. Sie ist jetzt so schwach, dass sie meistens liegt. Sie möchte mir aber vieles mitteilen. Mühsam greift sie nach Bleistift und Block. Da steht auf den verschiedenen Zettelchen: „Ich möchte ja sterben, nur wie und wann? Nicht ins Krankenhaus!" Und auf einem anderen: „Seelische Schmerzen sind die schlimmsten. Ich merke ja selber, dass es schlimmer wird. Das ist arg. – Die Seele ist traurig." Und: „Wenn meine Kräfte, der Atem so schwer geht, und kann kein Wort mehr sprechen, Herr, nimm mein Seufzen auf. Von den Sorgen so angespannt."

Auf dem letzten Zettel steht:

„Wollen Sie bitte mit meinen Kindern reden, nicht ins Krankenhaus. Es geht beim besten Willen bei mir nicht mehr – aber was machen – da kann man auf ganz dumme Gedanken kommen."

Ich schiebe die Zettel in die Tasche.

Herr Kraus schaut mich aus dem Lehnstuhl ratlos und traurig an. Sie greift nach meiner Hand, dann faltet sie ihre Hände darüber. Wir beten miteinander. Beim Vaterunser kommt Herr Kraus ganz nah zu uns heran und spricht die letzten Verse mit.

Ich sage ihnen, dass ich mit dem Arzt gesprochen habe, dass sie nicht ins Krankenhaus müsse und wir vom Hospizdienst noch mehr begleitende Hilfe bekommen könnten. Unser Abschied dauert diesmal länger.

Am nächsten Morgen sagt Herr Kraus am Telefon mit zittriger Stimme: „Sie haben meine Frau ins Krankenhaus geschafft." Ich bin betroffen. War denn etwas Besonderes, frage ich.

Ich hatte den Arzt, der routinemäßig einmal wöchentlich kam, doch anders verstanden. „Ja“, sagt Herr Kraus, „aber unser Hausarzt ist seit gestern in Urlaub, und der Vertretungsarzt hat gemeint, meine Frau sei am besten im Krankenhaus aufgehoben. Da haben wir uns doch auch nicht wehren können!“

Niedergeschlagen mache ich mich auf den Weg zum Krankenhaus. Noch zerbrechlicher sieht Frau Kraus diesmal aus in dem weißen Bett und sehr, sehr traurig. Sie macht den Versuch zu lächeln, hebt nur leicht die Schultern, als wolle sie sich entschuldigen, dass es nun doch anders gekommen sei. Herr Kraus kommt – grau im Gesicht und müde. Man hat ihm gesagt, dass sie im Krankenhaus auch nichts anderes für seine Frau tun könnten, als man daheim getan habe. Am liebsten würde er sie wieder mitnehmen. Sie winkt ab, und zum ersten Mal sehe ich in dem zarten Gesicht so etwas wie Bitterkeit und Enttäuschung. Mir ist elend zumute, und ich verabschiede mich.

Zwei Tage später, in den frühen Morgenstunden des Sonntags, ist Frau Kraus gestorben. Sie war allein. Weitere medizinische Maßnahmen waren nicht nötig gewesen.

Herr Kraus möchte seine Frau noch einmal sehen. Am Montag gehen wir miteinander auf den Friedhof, wo sie aufgebahrt ist. Eine der Töchter ist mitgekommen. Behutsam, fast zärtlich streichelt Herr Kraus ihr Gesicht und murmelt immer wieder: „Schön schaust du aus, schön – jetzt hast's überstanden.“ – „Sieht sie nicht schön aus?“ fragt er mich beim Hinausgehen.

Meine innere Haltung wird immer wieder geprüft

Noch heute frage ich mich gelegentlich, ob es nicht richtiger gewesen wäre, die Begleitung von Herrn Teichmann, durch die ich viele Kränkungen erfahren habe, abzubrechen.

Der siebenundvierzigjährige Herr Teichmann hatte wegen eines schnell wachsenden Gehirntumors zwei Operationen hinter sich. Als ich ihn kennen lernte, erhielt er dreimal wöchentlich ambulant Bestrahlungen.

Im Wechsel mit einem zweiten freiwilligen Helfer sollte ich ihn besuchen und mögliche Hilfen herausfinden.

Bei meinem ersten Besuch lerne ich Herrn Teichmann als einen hochgewachsenen, mageren, auf höfliche Umgangsformen bedachten, eher distanzierten, gebildeten Mann kennen. Seinen kahlen Schädel, der mit schwarzen Markierungen für die Bestrahlungen versehen ist, hält er fast trotzig, demonstrativ unbedeckt, den durchdringend forschenden Blick auf mein Gesicht gerichtet, um mögliche Reaktionen darin abzulesen.

Herr Teichmann leidet unter erheblichen Gleichgewichtsstörungen. Er klagt über häufige Übelkeit mit Erbrechen, Verstopfung, dann aber wieder Durchfälle und berichtet von starken Schmerzen, denen mit hohen Morphingaben begegnet würde.

In einer Art Selbstgespräch schildert er seinen Lebens- und Krankheitsverlauf. Nur schwer vermag ich seinen Ausführungen zu folgen, da er zeitliche Abfolgen durcheinander bringt und Wortfindungsschwierigkeiten hat. Manche Begriffe verwendet er sogar in gegenteiliger Bedeutung. Vorsichtige Nachfragen meinerseits, die mir inhaltliche Hilfen sein sollen, weist er ungehalten zurück.

In der Begegnung mit Herrn Teichmann wird meine innere Haltung immer wieder geprüft. Obwohl ich es mit einem sterbenskranken Mann zu tun habe, dessen Gehirn durch schwere operative Eingriffe und krankhafte Prozesse in Mitleidenschaft gezogen ist, erlebe ich seine oft verletzenden, auf mich teilweise arrogant wirkenden Äußerungen als Angriff auf meine Person.

Je offener, bereitwilliger und liebevoller ich ihm begegne, desto verletzlicher scheine ich zu sein. Angesichts seines Krankseins mag ich mich nicht kraftvoll wehren, um ihn nicht gleichfalls zu verletzen. Einmal, während eines gemeinsamen Einkaufs, nach zahlreichen kränkenden Bemerkungen, frage ich ihn, ob er mich kränken möchte. Eine Zeit lang behandelt er mich danach wie eine Schwerkranke, die besonderer Schonung bedarf, bis er wieder in den alten Ton zurückfällt.

Mit Erstaunen erlebe ich, wie charmant er sich Verkäuferinnen und anschließend den Angestellten in einer Apotheke gegenüber gibt. Ein Zigaretten rauchendes junges Mädchen dagegen schockiert er, indem er seinen Hut mit der Bemerkung abnimmt: „Sehen Sie, so geht es Ihnen auch mal, wenn Sie weiter rauchen", und freut sich sichtlich an ihrem erschreckten Gesicht.

Nach drei mich sehr belastenden, aber von ihm ausdrücklich gewünschten Besuchen in seiner Wohnung erfahre ich, dass er ins Krankenhaus eingewiesen wurde. Mit einer gewissen Beklommenheit besuche ich ihn auch dort. Er gilt hier als sehr anstrengender und schwieriger Patient, der mehr Fordrungen stellt, als dem Personal zu erfüllen möglich ist.

Ich frage mich: Wird er in dieser dem Tod sicherlich sehr nahen Situation duldsamer, weniger verletzend sein können?

Ein Freudenschimmer huscht bei meinem Eintritt in das Krankenzimmer über sein blasses, gequältes Gesicht. Er streckt mir zur Begrüßung die Hand entgegen, um gleich darauf nach der Schwester zu läuten, die er um eine Gefälligkeit bittet, die auch ich ihm ohne Mühe hätte leisten können. Obwohl er kein Gespräch wünscht, möchte er, dass ich da bleibe. Während er immer wieder einschläft, versuche ich positive und stärkende Gedanken zu haben, spreche innerlich Texte und Gebete. Von Zeit zu Zeit blinzelt er unter den Augenlidern zu mir herüber, wie um sich zu vergewissern, dass ich noch da bin.

Ich fühle eine starke Zerrissenheit in mir. Braucht Herr Teichmann einen Menschen, der ihn begleitet, besser gesagt, braucht er meine Begleitung? Lockt die Begegnung mit mir nicht eher Eigenschaften aus ihm heraus, die ihm in der Sterbesituation schaden? Oder gebe ich ihm durch den Versuch, ihm mit Einfühlung und Geduld zu begegnen, eine Möglichkeit, Wut und Aggressionen abzubauen? Aus seinem Lebensbericht weiß ich, dass ihn der Weggang seiner

Ehefrau während eines Krankenhausaufenthaltes und die anschließend eingereichte Scheidung tief verwundet haben. Auch das frühe Sterben macht ihn zornig, er hatte noch Pläne und hoffte bis zum Schluss auf einen Aufschub. Das lässt mich einen Teil seiner unermesslichen Wut erahnen und mitempfinden.

Noch zweimal besuche ich ihn im Krankenhaus. Dann stirbt Herr Teichmann.

„Er ist friedlich eingeschlafen", wie die Schwester sagt.

Nein, rückblickend bin ich froh, die Begleitung nicht vorzeitig abgebrochen zu haben.

In dieser Begleitung ist mir bewusst geworden, wie wenig wir manchmal von den Tiefen des anderen Menschen, seinen Verletzungen und seelischen Schmerzen wissen, die sich dann für uns in einer so schwer verstehbaren und schwer auszuhaltenden Weise darstellen.

Letzte Wünsche

Auch der sterbende Mensch hat noch viele Wünsche – manchmal letzte Wünsche, wie z. B. den Wunsch, die Heirat der Tochter mitzuerleben, den Sohn aus dem Ausland noch einmal zu sehen, vielleicht ein klärendes Gespräch mit einer Person zu führen, mit der er in Spannungen gelebt hat oder Freunde zu einem Abschiedsfest einzuladen oder auch die Regelung ganz praktischer Dinge für sich selbst oder für nahe stehende Menschen.

Es ist erstaunlich, wie der sterbende Mensch all seine Kräfte sammelt, um diesen Zeitpunkt, diesen Moment der Erfüllung zu erleben, aber danach seine Lebenskraft erschöpft ist, er loslässt und dann oft stirbt.

Sehr häufig ist der Wunsch, zu Hause, in der vertrauten Umgebung, sterben zu dürfen. Und manchmal, wenn die Kräfte nachlassen und schon Jahre der Krankheit vorausgegangen, ist es nur noch der Wunsch, sterben zu dürfen.

Für den begleitenden Menschen ist die Verwirklichung und Erfüllung dieser Wünsche in der Nähe des Todes so oft eine ganz besonders beglückende Erfahrung.

Wir spüren, welches Glück für uns darin liegt, einem anderen bei der Erfüllung eines Wunsches helfen zu können. Sein Erfülltsein wird im gleichen Moment zu unserer Freude, sein Erleben teilt sich uns als Glück mit.

Eine andere Dimension der Erfahrung liegt darin, dass wir für Augenblicke die Kostbarkeit von Ereignissen, Menschen, Dingen so deutlich sehen, wie es uns im eigenen „lebensvollen" Leben gar nicht möglich ist.

Diese Kostbarkeit, die uns verstehen lässt, was uns alles Geschenk und Gabe sein kann, wenn wir mit „wirklich sehenden Augen" schauen.

Nach Hause kommen, um zu sterben

Frau Maier empfängt mich zurückhaltend: „Ich habe noch so viel zu tun", sagt sie. Dann aber lässt sie sich bereitwillig auf ein Gespräch ein.

Vor einunddreißig Jahren hatte Frau Maier ihren Bräutigam, einen Tag vor der Hochzeit, im Krieg verloren.

Mit neununddreißig heiratete sie dann Anton, „einen einfachen, ehrlichen Mann".

In der Ehe haben sie alles miteinander gemacht – auch die Alltagserledigungen, wie etwa das Einkaufen.

Vor einem halben Jahr ist er nun an der Prostata operiert worden – aber, er hat sich nie wieder ganz von dieser Operation erholt.

Im Mai musste er wieder ins Krankenhaus: Magenkrebs mit Lebermetastasen.

„Er weiß nichts davon" – möchte nur unbedingt aus dem Krankenhaus entlassen werden.

Fünf Tage später kommt Anton Maier nach Hause. Ich bleibe bei ihm, damit sich seine Frau etwas hinlegen kann.

Er fühlt sich sehr erleichtert. Im Gespräch macht er Andeutungen, dass er heute sterben wird.

Am Abend ruft mich seine Frau an: Ihr Mann ist soeben gestorben.

Wissen Sie, ich warte darauf…

Es ist Anfang Mai. Die Natur ist so wunderbar, alles grünt, blüht, entfaltet sich, strebt ins Leben. Frau Weber liegt in ihrem Bett, ich weiß nicht, ob sie dieses Blühen und Duften dort draußen noch wahrnimmt, noch wahrnehmen kann. Frau Weber hat Menschen um sich herum, die sich sehr um sie sorgen. Der Sohn aus Amerika ist seit einigen Wochen bei der Sterbenden. In drei Tagen wird er wieder zurück müssen. Er wird seine sterbende Mutter zurücklassen, er weiß, dass der Abschied endgültig sein wird.

Zur Pflege bleiben ihr eine Tochter, eine Schwägerin und eine liebevoll sorgende Nachbarin.

Frau Weber erzählt gern von ihrem Leben. Beim Erzählen wird sie immer lebendiger, freudiger, und vielleicht sind in diesen Augenblicken des Erinnerns die Bilder der Vergangenheit stärker und intensiver als die Gegenwart.

Auch sie war in den USA gewesen, sie erinnert sich an ihre Arbeit, an die Zeit der Ausbildung, an ihre Ehe. Auf kurze Zeit zusammengedrängt zieht ein Lebenspanorama an ihr vorüber.

Sie wirkt in diesen Augenblicken geistig so rege, dass sie mir fast jung erscheint; aber ihr Körper, daran kann ich nicht zweifeln, ist schwach, hat schon die Kraft zu leben abgegeben.

Frau Weber möchte nur noch Tee trinken, nein, sie möchte nichts mehr essen.

Am Ende des Besuchs sagt sie leise: „Wissen Sie, ich warte darauf, dass ich sterben darf, ja, ich möchte so gerne sterben."

Das Fruchtfleisch kommt von der Erde, der Duft vom Himmel

Die zierliche Erschienung, ich sehe sie vor mir: zerbrechlich, doch in Haltung und Schritt kraftvoll und bestimmt. Die kühne Nase, die lebhaften Augen. In eigentümlichem Kontrast dazu die gepflegte Haarpracht, gekrönt von einem jeweils besonderen Hut unübertrefflicher Eleganz.

Ich habe sie längere Zeit nicht gesehen und freue mich, als mich eine Karte aus Frankfurt erreicht. Doch was da ganz lapidar steht, das erschreckt mich: „Kurz gesagt, es geht mir schlecht. Krebs. Ich möchte mein Ende einrichten. Wie weit ist Ihre Hospizeinrichtung? Großes Interesse."

Zwei Wochen später besuche ich sie im Krankenhaus. Wenn ich geglaubt hatte, eine blasse und leidende Frau in den Kissen zu finden, so hatte ich mich getäuscht. Aufrecht sitzend im Bett empfängt sie mich. Ich sage ihr, wie schön sie aussehe, da freut sich die über Achtzigjährige ganz unverhohlen: „So, das ist recht. Dann wird's am Lebensende noch ein bissel besser mit mir. Wissen Sie, mein Herrgott hat mich nicht gerade mit Schönheit ausgestattet. Meinen Vater hat's gegrämt. Als Kind musste ich immer mit einem Nasenformer ins Bett, ich hätt' halt schöner sein sollen. Nur mit meinem Haarschopf, damit war ich immer zufrieden. Da hat der Herrgott wohl gedacht: Die Schönste bist ja nicht, dafür kriegst du ein feines Perückchen – und ich hab's ja wirklich gebraucht, beruflich."

Sie erzählt von ihrem Hutgeschäft. Ja, schaffen, schaffen, bis zum Umfallen.

„Und das Schönste, fromm waren wir auch noch. Freizeit, das war Bibelstunde, Kirchenchor, Gottesdienst – aber alles in allem, geschadet hat's nix."

„Nur" – fügt sie nach einer Pause hinzu und bricht ab.

„Nur" – wiederhole ich leise.

„Zum Heiraten hat's halt nicht gelangt ... und mit der Nase ... der Vater hatte ja Recht. Und im Geschäft hat man mich gebraucht."

„Dann haben Sie nicht geheiratet?"

Jetzt blitzt wieder die heitere Lebendigkeit aus ihren Augen. „Das habe ich nicht. Erst hat mein Egon gewartet, dann hat er eine Andere genommen. Vor fünf Jahren ist sie gestorben. Was glauben Sie denn, warum ich so oft in Frankfurt bin? Wir hatten noch eine gute Zeit. Aber mein Egon wird Sechsundachtzig und ein bissel tapprig. Und mit mir geht's auch zu End. Das hat schon seine Richtigkeit."

Jetzt sieht sie müde aus. Ich helfe ihr sich hinzulegen. „Kommen Sie nächste Woche wieder?"

Sie hat mich entlassen! An der Tür schaue ich mich noch mal um, diese zarte Gestalt im Spitzenhemdchen.

Genau nach einer Woche bin ich wieder da. Die Sonne scheint herein, und wie sie so in ihrem Kissen sitzt, gleicht sie einer kostbaren Rosenknospe, sehr zart und zugleich von erstaunlicher Frische.

Auf meine Frage, wie sie seit etwa drei Wochen ohne feste Nahrung so kräftig sein könne, antwortet sie strahlend: „Ich ernähre mich vom Duft der Früchte. Früher, da hat man reingebissen und gar nicht gemerkt, dass der Duft das Köstlichste ist. Ich denke halt, das Fruchtfleisch kommt von der Erde, der Duft vom Himmel. Unser Herrgott hat den Früchten den Duft gegeben – davon kann man sich ernähren."

Scheibchenweise schneidet sie eine Passionsfrucht auf, eine Banane und nimmt den Duft zu sich. Sie hält mir eine aufgeschnittene Erdbeere hin. Ich rieche daran – Erdbeerduft, Sommerduft.

„Riechen Sie den Himmel?"

Ich fürchte, so weit bin ich noch nicht. Sie schmunzelt: „Dabei weiß mein Herrgott genau, was ich für ein Gourmandle bin." „Gourmand-le, was ist das?" – „Das wissen Sie nicht? Das ist ein Gourmand, ein Feinschmecker, kein protziger, einer der nur ein bisschen Essen braucht. Aber gut muss es sein. Ich war immer eine Feinschmeckerin mit der Zunge, jetzt bin ich halt eine mit der Nase – so hat die auch ihr Gutes."

Sie sagt mir, dass sie zu Hause sterben möchte, und ich verspreche ihr, mich um diese Möglichkeit zu kümmern. Antonia, die Schwester ihrer rumänischen Haushaltshilfe, ist bereit, die letzte Zeit bei ihr zu wohnen, so kann sie wirklich zurück in ihr geliebtes Haus.

Als ich klingele, kommt mir Antonia entgegen: „Aus dem Krankenhaus gekommen – sie war beinah tot. Hat niemand erkannt. Aber jetzt! Sie ist ein Wunder – jetzt ist sie ein neuer Mensch."

Ich freue mich über Antonias Begeisterung und wiederhole beim Hineinkommen ins Zimmer: „Ein neuer Mensch ... Ist es gut hier zu Hause?"

Unsentimental kommt die Antwort: „Ein neuer Mensch? Schon recht. Zum Sterben braucht's einen neuen Menschen. Aber der alte Mensch hat eine Bitte an Sie. Antonia braucht ein neues Gebiss. Das kriegt sie in Rumänien nicht so leicht. Können Sie ihr helfen, einen Zahnarzt und Kieferorthopäden zu finden? Es muss schnell gehen. Die Zeit meines Sterbens muss für ihr Gebiss reichen. Sie hat die Aufenthaltsverlängerung nur bis zu meinem Tod."

Beim nächsten Besuch nimmt Antonia mich auf die Seite. „Sie spricht oft – niemand ist im Zimmer. Sie sagt: Was machst du denn hier Mutterle, sieht man dich auch mal wieder. Ihre Mutter ist schon lange tot! Und gestern hat sie mit ihrem toten Bruder geredet."

„Macht es Ihnen Angst?" frage ich Antonia. Sie beginnt zu weinen, diese große starke Frau, und nimmt mich wie schutzsuchend in die Arme.

Als wir hereinkommen, scheint sie zu schlafen. Aber gleich öffnet sie die immer noch wachen Augen und sagt leise: „Jetzt ist's nimmer lang."

Antonia hat eine Kerze angezündet, und wir sitzen auf beiden Seiten des Bettes.

Antonia betet in ihrer Sprache und weint leise vor sich hin.

Wieder öffnet sie die Augen und schaut mich an. Langsam faltet sie die Hände. Wir sprechen das Vaterunser, Antonia auf rumänisch. Danach ist es ganz still. Nach einer Weile stehe ich auf, beuge mich über sie und sage: „Ich muss jetzt gehen."

Sei schaut mich an und sagt leise: „Ja, ich auch."

Zeit …?

Schon in Tagen, wenn wir krank sind, uns nicht wohlfühlen, können wir bemerken, dass sich unser Zeitempfinden verändert.

Schon eine durchwachte Nacht oder die Erfahrung von Schmerzen führt uns sehr schnell an unsere eigenen inneren Grenzen, an denen wir mit Unmut, Langeweile, Verzagtheit und Auflehnung reagieren können.

Um wie vieles mehr und stärker erfährt der Sterbende und mit ihm auch die begleitenden Menschen einen starken Einbruch in die gewohnte Vorstellung von Zeit, ja manchmal wird sie so eigentlich erst bewusst und erfahrbar.

Da ist zum einen die Unsicherheit der Zeit gegenüber, die Frage: Wie viel Zeit bleibt mir noch! Wann ist meine Zeit zu Ende? Und auch: Wird es noch lange gehen! Wie lange muss ich noch leiden?

Für die pflegenden und betroffenen Angehörigen und Mitmenschen um ihn herum mag es auch bedeuten: Wie lange kann ich diese Last noch tragen? Wie lange halte ich noch durch? Oder auch: Wann wird der geliebte Mensch endlich von seinem Leiden und seinen Schmerzen erlöst? Gedanken, die uns vielleicht selbst erschrecken, aber auch sehr verständlich sind.

Aber auch das innere Erleben der Zeit kann sich auf starke Weise verändern: Manchmal, wenn der Andere Schmerzen hat oder wir in der Nacht bei ihm wachen, scheint die Zeit zu lang. Da ist der Sterbende, der alle drei oder vier Minuten fragt, wie spät es jetzt sei und dann ganz betroffen reagiert, wenn wir sagen, dass es nur ein paar Minuten her sei, seit er das letzte Mal gefragt hat. Und auch wir fühlen uns der Zeit hilflos ausgeliefert, zählen bei einer Nachtwache die Stunden, die Minuten, ja auch die Sekunden, bis der Morgen, das Licht uns von der Dunkelheit, der Stille der Nacht erlöst. Oftmals braucht es unsere ganze innere Kraft, mit dem Sterbenden zusammen die Zeit auszuhalten.

Manchmal ist die Zeit, die uns miteinander gegeben wird, aber auch viel zu kurz. Wir haben uns vielleicht erst gerade vor wenigen Monaten mit der Diagnose der Erkrankung auseinander gesetzt, wie ein Schrecken kam sie damals für uns, wir haben uns eben erst von dem Schrecken erholt, wieder Hoffnungen geschöpft, und dann stürzen mit einer Wiedererkrankung alle Hoffnungen und Pläne zusammen. Es scheint alles viel zu schnell zu gehen, sodass wir es eigentlich kaum begreifen können. Oder der andere Mensch liegt schon längere Zeit im Sterben, wir wissen, dass er bald sterben wird, in einem Monat, in einer Woche vielleicht und sind dann ganz überrascht, wenn er schon heute stirbt. Trotz allem Wissen kommt der Tod viel zu plötzlich und zu schnell. In einem anderen Fall waren wir im Moment des Todes des geliebten Menschen nicht dabei, und uns belasten Schuldgefühle, den Anderen nun doch ganz allein, ja sogar im Stich gelassen zu haben.

Oft bleiben Fragen unbeantwortet oder aufgeschoben, und wir können sie dann nicht mehr besprechen. Uns belasten innere Vorwürfe und Schuldgefühle, wie z. B. „Hätte ich doch nur"... „Wenn ich das gewusst hätte ..." Diese inneren Fragen begleiten uns häufig noch sehr lange, manchmal unser ganzes Leben, verändern und prägen uns. Zeit, Abstand kann uns hier helfen, uns selber in unserem vermeintlichen Fehlen zu verstehen. Verstehen, dass wir damals nicht anders reagieren konnten. Zeit kann uns hier helfen, uns mit unseren Grenzen anzunehmen, den Anderen um Verzeihung zu bitten, uns selbst zu vergeben und aus dem Erfahrenen zu lernen, uns zu verändern. Oder wir erkennen, dass es für den sterbenden Menschen vielleicht leichter war, allein zu sterben, es für ihn leichter war, loszulassen und er so nicht so schmerzlich den Abschied von den geliebten Menschen gespürt hat.

In der Begleitung eines sterbenden Menschen kann uns auch die Relativität der Zeit, die wir in unserem Alltagsleben als objektiv messbar erleben, deutlich werden. So sagte eine Sterbende: „Die da draußen, die wissen gar nicht, was sie haben, sie haben ihre Zeit, und sie wissen es nicht, sie hetzen immer nur durchs Leben, sie leben alle so furchtbar schnell. Ich bin so dankbar, jetzt einfach viel, viel Zeit zu haben." So hatte sie, deren Zeit so begrenzt war, grenzenlos Zeit. Oder ein junger Mann sagt mit sechsund-

zwanzig Jahren: „Ich habe mein Leben gelebt. Ich bin bereit zu sterben." Was zählt da schon die äußere, messbare Zeit im Verhältnis zu der Intensität der gelebten und erlebten Zeit.

In der Zeit des Sterbens verliert sich die Zeit auch, indem immer mehr Erinnerungen aus der Jugendzeit oder Kindheit auftauchen, die damalige Zeit als Gegenwart erlebt wird oder auch, dass sich der sterbende Mensch anderen, schon verstorbenen Menschen viel näher fühlt. Häufig spricht er mit ihnen, sieht sie vielleicht in einer Ecke des Raumes und fühlt sich oftmals von ihnen abgeholt. Es ist so, als ob sich Zeit und Raum auflösen.

Viele Menschen, die sich dem Tod nähern, scheinen ein ganz bestimmtes Wissen „ihrer" Zeit zu haben. „Am Gründonnerstag, da werde ich sicher gehen!" – Oder auch: „Ja, am sechsten Juli, da denke ich, habe ich es geschafft." Vielen ist eine bestimmte Uhrzeit bekannt: „Um sechs Uhr, da muss ich am Flughafen sein, da holt mich mein Bruder ab ..."

In der Begleitung eines sterbenden Menschen gibt es Momente, in denen auch wir herausgehoben werden aus der Zeit, durch die intensiven Begegnungen im Gespräch oder im schweigenden Miteinander-Sein, dass wir teilhaben dürfen an einer Art „Zeitlosigkeit", in der wir einen Hauch von Ewigkeit erfahren.

Das mögen Augenblicke, Minuten oder auch Stunden gewesen sein, in denen auch für uns die Zeit stillsteht, und wenn wir aus diesen beglückenden Erfahrungen wieder zurück in unseren Alltag kommen, können wir oft feststellen, dass wir eine tiefe Dankbarkeit empfinden für die Zeit, die wir noch haben.

... einmal bin ich gegangen

Als ich gegen Abend das Zimmer betrat, in dem Herr Fahl lag, saßen seine Frau, seine drei Töchter und Schwiegersöhne bei ihm. Herr Fahl lag in einem Zweibettzimmer. Er hatte Bronchialkrebs und lag jetzt schon seit Wochen in diesem Krankenhaus und hoffte immer noch auf Besserung. Seine Frau und seine Familie verabschiedeten sich von ihrem „Papa".

Sehr erschöpft nickte er mir dann zu, legte den Kopf zur Seite und wollte schlafen. Ich setzte mich an den kleinen Tisch, wenige Schritte von seinem Bett entfernt. Nach einiger Zeit wurde der Patient im anderen Bett munter, sah mich und schien sehr erfreut über diese Abwechslung einer Nacht ... Nach einem kurzen „Hallo" fing er übergangslos an, mir seine Lebens- und Krankheitsgeschichte zu erzählen. Immer und immer wieder, auch von seiner langen Zeit mit Herrn Fahl und dass sie sich so richtig angefreundet hätten – Leidensgenossen geworden seien.

Herr Fahl wurde zunehmend unruhiger. Aber der Bett-Nachbar schien so zufrieden, nun endlich einmal einen Menschen gefunden zu haben, dem er alles, was ihm auf dem Herzen lag, erzählen konnte.

Als Herr Fahl seinen ersten Husten- und Atemnotanfall bekam, klingelte ich nach der Schwester. Sofort bekam er eine schmerzlindernde Spritze. Bevor er wieder einschlafen wollte, schaute Herr Fahl mich an und meinte ganz leise, nun sei ich ja lange genug bei ihm gewesen, ich könnte jetzt nach Hause gehen. Ich antwortete ihm, dass ich bald gehen würde, wenn er es denn wünschte. Ich wollte noch ein wenig abwarten, ob er ruhig würde schlafen können. Er nickte mir zu, meinte aber dann zögernd noch einmal, eigentlich dürfte ich ruhig gehen, ich könnte ja schließlich nicht die ganze Nacht hier sitzen, und ich müsste ja auch schlafen. Ich antwortete ihm, dass es mir richtig gut bei ihm ginge, denn zu Hause könnte ich nicht so ruhig dasitzen, sondern müsste arbeiten, bügeln und so ... Herr Fahl schmunzelte ein wenig, sagte aber nichts mehr vom Gehen. Diese Ruhezeit wollte er mir wohl schenken. Beim nächsten Hustenanfall hielt ich ihn im Arm, ein Mensch mit noch ungefähr 45 Kilogramm – und versuchte ihm durch Abklopfen ein wenig Erleichterung zu verschaffen. Danach erfrischte ich ihm das Gesicht und rieb ihm den Rücken ein. Erleichtert ließ er sich wieder in die Kissen sinken.

Als ich mich morgens verabschieden wollte, Herr Fahl war sehr schwach geworden, winkte er mich zu sich herunter. Ich glaubte, er wolle mir noch etwas sagen und beugte mich ganz dicht zu ihm. Er sagte nichts, aber er verabschiedete mich mit einem Kuss.

Mit welchen Kleinigkeiten des Gebens und Nehmens können wir uns gegenseitig glücklich machen.

Am nächsten Abend war ich wieder bei ihm. Er lag jetzt in einem Einzelzimmer, war nicht mehr ansprechbar und sehr, sehr unruhig. Er lag ganz klein und ängstlich in seinem Bett. Laufend fuchtelten seine Arme durch die Luft und schienen unsichtbare Angriffe abzuwehren. Er duckte sich und hatte große Angst. Beruhigungsmittel halfen nur eine kurze Zeit.

Auch ich wurde immer unruhiger und zunehmend nervöser. Ich hatte mir unbewusst zu viel zugemutet. Ich merkte, dass ich nicht wirklich ganz da war. Was war geschehen? Am Tag zuvor war mein Sohn mit einem Nierenriss nach einem Sportunfall ins Krankenhaus eingeliefert worden. Auch er lag mit Schmerzen, und seine Verlobte und ich waren den ganzen Tag bei ihm gewesen. Er war wie erleichtert, aber von Schmerzen müde und geschwächt eingeschlafen, sodass wir eigentlich sehr beruhigt nach Hause gefahren waren. Und nun saß ich bei Herrn Fahl und merkte, dass ich trotzdem mit meinen Gedanken bei meinem Sohn und nicht bei ihm war. Ich fand das sehr unehrlich.

Nach einem langen Kampf mit meinen innersten Gefühlen erzählte ich Herrn Fahl, was meinem Sohn passiert war, und dass ich überhaupt nicht mehr in Ruhe hier bei ihm sitzen könnte, weil ich ja gar nicht wüsste, ob mich mein Sohn nicht auch braucht. Ganz traurig streichelte ich noch einmal die unruhigen Hände von Herrn Fahl, sagte ihm „tschüs" und ging. Ich war verunsichert und erleichtert zugleich, dass ich mich entschieden hatte.

Drei Stunden später ist Herr Fahl gestorben. Ich bin heute ganz sicher, dass es richtig war zu gehen, denn mit meiner Unruhe im Herzen konnte ich ihm keine gute Hilfe sein.

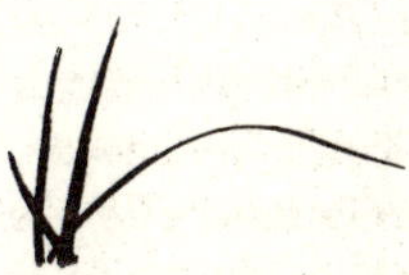

Darüber reden wir ein andermal ...

Ein Tag der Schneeschmelze. Auf der Fahrt zu dir hatte ich schwere Schneemassen die Dächer hinunter zur Erde rutschen sehen. Es ist der Tag, an dem ich dich das letzte Mal sehen werde. Ich weiß es. Ich versuche, in deinen Augen zu ergründen, was du weißt. Ich kann nicht in ihnen lesen, finde keine Antwort. Hattest du Heilung gesucht, als du hierher kamst, in die Heil- und Kurklinik, oder suchtest du einen Ort, der es dir ermöglichte, in Ruhe sterben zu können? Auch diese Fragen gehören zu denen, die offen bleiben werden, die mich in meinem Leben weiterbegleiten werden.

Du hattest Brustkrebs, und es hatte eine Zeit gegeben, wo man dir mit radikaler Klarheit gesagt hatte, dass es für dich keine Chance des Überlebens geben würde. Du hattest dich von dieser Prognose treffen lassen, hattest dich ihr ausgesetzt, hattest versucht, sie anzunehmen und hattest dich dann entschlossen, um dein Leben zu kämpfen.

Nun liegst du da, seit dem Beginn deiner Erkrankung sind nur Monate vergangen, jetzt kämpfst du mit den Schmerzen und der Atemnot. Jeder Augenblick ist für dich unerträglich. Dein Körper ist unruhig und versucht fast ohne Unterlass, sich durch eine Veränderung der Lage Linderung zu verschaffen. Auch mir ist es unsagbar schwer, dich so zu sehen. Nach der Einnahme des Schmerzmittels wirst du ruhiger. Plötzlich lachst du sogar, nennst mich beim Namen, und für Augenblicke ist alles so wie früher.

Ich schäle dir einen Apfel und schneide ihn in kleine Stücke. Du betrachtest aufmerksam jedes von ihnen, genießt den Geruch, den Geschmack. Das ist der erste Apfel, den du nach langer Zeit des Fastens isst. Du hattest versucht, den Krebs zu bekämpfen. Du hattest gesagt: „Ich gebe ihm einfach nichts mehr zu essen, ich hungere ihn aus", und hattest gelacht.

Unvermittelt sagst du zu mir: „Das, was uns betrifft, darüber reden wir ein andermal."

Ich höre deine Worte, verstehe ihren Sinn, in mir schreit eine unhörbare Stimme: Nein, nie wird es ein andermal geben. Aber meine Augen blicken in die deinen, und ich höre mich sagen: „Ja, es ist gut so."

Es wird Abend. Noch sind die Tage so kurz, es dämmert so früh. In dem ohnehin geräuschlosen Haus scheint es noch stiller zu werden. Ein Totenhaus, denke ich, dabei ist es eine Kurklinik, ein Haus der Genesung.

Auch im Zimmer wird es langsam dämmrig. „Du musst nun gehen!“ Ich zögere einen Augenblick und erwidere: „Ich muss nicht gehen, ich kann bleiben ...“ Und nach einem Moment der Stille höre ich dich noch einmal: „Doch, geh nun, es ist besser.“

Ich ziehe meinen schweren Wintermantel an. Wir umarmen uns, schauen uns an. Es gibt keinen „Grund“ mehr, weiter am Bett zu stehen. Meine Füße gehen zur Tür, meine Hand drückt die Klinke herunter, ich blicke noch einmal zurück. Ich sehe deinen Rücken, den erhobenen Arm, die Hand, die winkt. Ich schließe die Tür leise von außen, warte noch eine Weile, es bleibt still. Anderthalb Tage später bist du gestorben – allein.

Komm wir gehen heim

Wie kann ich einem solchen Sterben beistehen, wie einem so bedrängten Menschen gerecht werden? Ohnmacht und Hilflosigkeit von einem Augenblick zum andern.

Da liegt ein Mensch, eine Frau, am Ende ihres Lebens. Sind es noch Stunden, Tage, die ihr gegeben sind? Für sie findet wohl ununterbrochene leidvolle Gegenwart statt. Unruhe und Schmerzen quälen sie. Ausgedörrt, brandig die Lippen. Die einzigen Worte, die ich verstehen kann, sind: „Was kann man da tun?“

Ich stehe hilflos diesem Moment, dieser Frage, diesem Menschen gegenüber. Es gibt jetzt nichts, was getan werden könnte, es gibt keine Linderung. Die Nacht hat begonnen, und sie muss durchgestanden werden.

Wie viele Sekunden hat eine Nacht? Sie, die Sterbende, wird am Morgen erfahren haben, wie viele es sind. Sie wird es erlebt haben, durchstanden haben, wenn ihr diese Nacht nicht eine endgültige Ruhe schenkt. Aber noch atmen die Lungen, das Herz schlägt schnell unter meiner aufgelegten Hand. Der leidende Körper, der leidende Mensch versucht alle Augenblicke eine andere, erleichternde Stellung einzunehmen. Es gibt sie nicht.

Neben ihr, in der zweiten Hälfte des altertümlichen Ehebettes liegt ihre Schwester. Ein großer Kissenberg trennt die beiden voneinander, er nimmt ihr die Sicht auf die leidende, kämpfende Schwester. Vermutlich kennt sie jeden Atemzug ihrer Lebensgefährtin und weiß um sie. Die Ältere, für die bisher immer gesorgt worden war, sitzt nun aufrecht in ihrem Kissenberg, sorgt sich um die „Junge". Nein, schlafen könne sie nicht, schon seit langem nicht mehr richtig, antwortet sie auf meine Frage, ob sie sich nicht bequemer hinlegen wolle. So oft ich in dieser Nacht in das matt erleuchtete Zimmer trete, sehe ich sie mit gefalteten Händen, immer in der gleichen Stellung.

Eine lange Nacht wird es für die beiden werden. Auf meine Frage, ob sie einen Wunsch habe, geht ein großes, kräftiges Lachen über ihr Gesicht. „Ja, einen Kaffee mit Zucker und Milch, das wäre etwas, so einen wie früher." Ich denke an die Schlaflosigkeit und gehe in die Küche, es ist halb elf, ich mache ihr den Kaffee; einen wie früher. Nachdem der Kaffee getrunken ist, sagt sie deutlich, mit kräftiger Stimme: „So nun brauche ich nichts mehr, jetzt habe ich alles." Der Ausdruck auf ihrem Greisinnengesicht ist ernst und gesammelt.

Im Nebenzimmer tickt ohne Unterlass eine Uhr. Die viertel, die halben und die ganzen Stunden werden unerbittlich, die ganze Nacht über, von einer melodiösen Abfolge von Glockenschlägen begleitet.

Zeit vergeht. Lebenszeit, Sterbezeit, Wartezeit, Schmerzenszeit, Gebetszeit?

Jede von uns wird ihre Zeit leben. Ich die meine. Eine Zeit der Hilflosigkeit, des Wartens und Fragens. Auch ich werde beten müssen, um gut durch diese Nacht zu kommen. Ich kann meine Zeit durch Tätigkeiten verkürzen. Ich bin dankbar dafür, meine Gedanken auf zahllosen weißen Papierservietten, die herumliegen, festzuhalten. Ich bin ungewiss in dieser Nacht, aber meine Ungewissheit mag die leichtere sein, die kaum zählt im Vergleich zu der der beiden alten Frauen. Ich werde morgen früh nach Hause fahren, ein heißes Bad nehmen und schlafen.

Die Beiden, werden sie noch einen gemeinsamen Tag haben? Wünschen sie es? Soll ich es wünschen? Was wissen wir voneinander? Wie viel Zeit brauchen sie beide, um voneinander Abschied zu nehmen? Werden sie überhaupt Abschied nehmen können? Ist das nicht zu viel nach einem gemeinsamen Leben von über achtzig Jahren? Was wird für die Ältere bleiben, wenn ihre Schwester gegangen ist?

Fragen, viele Fragen, schmerzhafte Fragen.

Die Ältere, die nun die Jüngere überleben wird, ahnt, dass sie dann nicht mehr alleine in der Wohnung bleiben kann. Welches Vertrauen muss sie haben, um in dieser Situation nicht zu verzweifeln. Ich habe erfahren, dass es niemanden mehr gibt. Keine Kinder, keine Enkel oder Verwandte. Niemand Nahes oder Vertrautes wird mehr da sein. Sie wird Vertrauen haben müssen in die Güte und Fürsorge, in die Verantwortlichkeit fremder Menschen, in die verlässliche Humanität einer Gesellschaft.

Ungeöffnete Briefe, ungelesene Zeitungen liegen herum. Eine kleine, eher ärmliche Zweizimmerwohnung, mit einer einen Kamin imitierenden Gasheizung.

Überall in der Wohnung Zeugnisse der Ängste des Alterns. Unzählige Konservendosen stapeln sich, eine noch größere Menge von Trockennahrungsmitteln wie Suppen, Kartoffelbrei, Milchpulver und Kaffee in allen Schränken und Schubladen. Der Kampf mit der Angst, verhungern zu müssen, wenn niemand mehr kommt? Wie oft werden sie sich diese Fragen vorgelegt haben?

Was wird wenn ... Waschmittel in Tuben und Kartons. Das, was von ihnen nicht bedacht und vorgesehen werden konnte, waren die nachlassenden Kräfte beider. Oder ahnten sie es und verbargen voreinander die schlimmsten Befürchtungen? Nun liegt überall Wäsche ungewaschen herum, das Waschbecken ist verstopft.

Hin und wieder höre ich die Stimme der älteren Schwester im Schlafzimmer. Wortfetzen. Wem sagt sie etwas, wer hört ihr zu?

Ich gehe selten hinüber, ich habe das Gefühl, die beiden zu stören. Was gibt es zu sagen, was zu tun? Es gilt wach zu bleiben und auszuhalten, damit die beiden dort drüben wenigstens ein Gefühl von Schutz und Hilfe haben.

Zu einem bestimmten Zeitpunkt der Nacht habe ich selber das Gefühl, dass etwas in mir nicht ausreicht für eine solche Nacht. Ich befrage mich nach meinem eigenen Sein, nach meiner Substanz. Ich denke an die Jünger Christi. Sie schliefen. Heute Nacht wird es mir möglich, auch sie zu verstehen, mich in der gleichen Weise als schwach und mangelhaft zu empfinden. Ein Stück meiner eigenen Wahrheit ist sichtbar geworden. Ich verspreche mir, sie aufrichtig auszuhalten in dieser Nacht. Etwas in mir weigert sich zu lesen, mich innerlich zu entfernen, in eine andere, nicht gegenwärtige Welt zu versetzen.

Ich gehe hinüber. Die Sterbende schläft. Ihr Atem ist sehr kurz geworden. Ihre Schwester wacht und fragt hin und wieder hinüber zu dem anderen Teil des Bettes. Es kommt keine Antwort. Es ist noch nicht einmal zwölf Uhr. Eine lange Nacht, eine Sterbenacht. Ich frage die Wachende, ob ihr die Nacht lang würde? „Nein, nein", sagt sie, „das bin ich gewöhnt, das macht nichts."

Wie weit ist sie mir voraus in ihrer Geduld, Zufriedenheit und Tapferkeit.

„Komm Sielchen, wir gehen jetzt heim. Ach nein, es ist noch zu früh. Zieh deine Strümpfe an und deine Schuhe, komm wir gehen nach Hause. Mir ist angst und bange, die vielen fremden Leute in deiner Wohnung, komm lass uns gehen, wir haben hier nichts mehr verloren."

Das ist ein Monolog, den die Ältere zu ihrer Schwester hin immer wieder wiederholt. „Komm wir gehen, wir bleiben hier nicht."

So möchte sie wohl den Weg für sich und ihre Schwester durch die Fährnisse einer solchen Nacht finden. Möchte helfen, dass ihre Schwester den Weg finden möge, den Weg nach Hause. Aber noch ist es ihr nicht gegeben zu gehen. Der Morgen graut, die Vögel beginnen vereinzelt zu singen.

Draußen ist Frühling. Als es hell geworden ist, schlafen beide. Ich gehe, ziehe leise die Tür hinter mir zu. Eine überstandene Nacht.

Am Tag wird immer wieder die Diakonieschwester hereinschauen, nach den beiden alten und hilflosen Menschen sehen.

Drei Tage später steige ich wieder die Treppe zu ihrer Wohnung hinauf. Am oberen Ende, vor der Wohnungstür, werde ich empfangen. Die Pflegeschwester sagt mir, sicher um mich mit dem Wort „Tod“ nicht zu erschrecken, dass der Sarg schon da gewesen sei. Gerade diese Worte verwirren mich, ich verstehe sie im ersten Augenblick gar nicht. In der Wohnung ist alles verändert.

Immer wieder schaue ich suchend in das leere, frisch bezogene und glatt gestrichene Bett, so als könne ich sie doch noch irgendwo unter den fülligen Bettdecken finden.

Nein, Hilde Reinhard ist tot.

Ihre Schwester liegt in einem ebenfalls frisch bezogenen Bett, allein. Langsam begreife ich. Ja, um fünf Uhr nachmittags ist sie gestorben. Gegen acht war sie schon aus dem Haus! Warum so schnell? Etwas in mir wehrt sich gegen diese Schnelligkeit. Es schmerzt mich, und ich empfinde Trauer darüber, dass ich sie nicht noch einmal sehen konnte. Ihre wirren weißen Haare, das kleine Gesicht, die schmalen, kühlen Hände. Hilde hatte im Bett oft schwarze oder braune Handschuhe getragen des nachts, weil sie oft so kalte Hände gehabt hatte.

Wie leer dieser Raum jetzt ist. Wie leer wird ihn die Schwester empfinden.

Alles ist inzwischen geordnet, gesäubert, tadellos hergerichtet. Eine Frau aus der Nachbarschaftshilfe hat schwer gearbeitet.

Ich trete an das Bett der Älteren. Ruhig und ernst sitzt sie wieder in ihren aufgetürmten Kissen. Sie erzählt ein wenig. „Wir haben das ganze Leben zusammengelebt. Wir waren nie getrennt.“ Stolz und strahlend sagt sie: „Wir hatten nie Streit, nein, das kam nie vor. Meine Schwester war sehr gut!“

Sind die Schatten des Lebens nun ganz vergessen worden? Haben die Liebe und der Schmerz sie überdeckt? Ich weiß es nicht und brauche es auch nicht zu wissen.

„Ja, es ist schwer!“ Das sind ihre einfachen Worte, mit denen sie ihre Situation umschreibt.

Sie hatten es beide gewusst. Vor ein paar Tagen habe ihre Schwester gesagt: „Ich werde dich jetzt verlassen." Und die Ältere hatte gehofft, vielleicht bis Sonntag noch, das wäre so schön gewesen! „Aber nun hat sie gehen müssen, so früh! Da habe ich ihren Atem nicht mehr gehört, sie hat sich nicht mehr bewegt." So hat es die Ältere erlebt.

Frau Reinhard wird morgen in ein Pflegezimmer der Diakoniestation kommen. Sie kennt es schon von einem früheren Aufenthalt. Ob sie es wirklich wiedererkennen wird, bezweifle ich. Ob sie wirklich weiß, was mit ihr geschehen muss? Sie kann hier in der Wohnung nicht allein bleiben. Sie liegt fest im Bett und braucht Pflege. Nun wird man ihr nach ihrer Schwester auch noch die gewohnte Umgebung, die Heimat nehmen. Es ist viel, vielleicht zu viel, was sie da auf einmal hergeben muss. Wird sie genügend Sicherheit und Festigkeit in sich tragen, um in diesem Wechsel bei sich bleiben zu können? Oder wird sich ihr Geist noch mehr verwirren, wird sie desorientiert aus dem letzten Gefüge der irdischen Ordnung gleiten? Ich weiß es nicht. Ich hoffe für sie, dass sie nicht ganz ins Vergessen, ins Namenlose sinkt, ich hoffe, dass ihr ihre Bilder und Erinnerungen, ihre Gefühle und inneren Verbindungen erhalten bleiben.

Ich bleibe noch einmal eine Nacht in der Wohnung bei Frau Reinhard. Eine Nachtwache bei einer Trauernden. Die Glocken der Zimmeruhr werden wieder unerbittlich alle Viertelstunde schlagen.

„Sagen Sie meiner Schwester, dass ich nicht zu ihrer Beerdigung kommen kann, weil ich doch nicht mehr aufstehen kann. Und sagen Sie ihr doch auch, dass sie hinterher bitte vorbeikommen möchte, mich besuchen. Im zweiten Stock wohne ich. Da steht Reinhard an der Tür."

Das vertraut sie mir am Morgen an, bevor sie endlich einschlafen kann.

Städtischer Friedhof. An der gepflasterten Auffahrt steht ein Rollstuhl, ich erkenne sie kaum vom weitem: Frau Reinhard, die ältere Schwester. Sie ist gekommen, um die Asche ihrer verstorbenen Schwester zu ihrer Ruhestätte zu begleiten. Ich glaube nicht, dass

Frau Reinhard mich erkennt, aber auf jeden Fall freut sie sich, dass ich zur Beisetzung gekommen bin. Mit ihrem unvergleichlichen großen Lachen begrüßt sie mich. Es ist so viel geschehen inzwischen im Leben von Frau Reinhard. Sie sieht frischer und verjüngt aus. Sie ist seit vielen Jahren einmal wieder aus ihrem Haus gekommen, und als der junge Zivildienstleistende sie aus ihrer Wohnung trug, hat sie sich gefreut und gelacht. Sie schaut immer wieder den jungen schönen Mann, „ihren Klaus“, an, verschämt und strahlend.

Fünf Menschen gehen in einem kleinen stillen Zug zum Grab. Voran der freundliche Beamte mit der Urne zwischen beiden Händen, dann folgt der Pfarrer mit dem schmalen Textbuch für Beerdigungen. Frau Reinhard, von Klaus im Rollstuhl geschoben, die Diakonieschwester und ich. Es ist ein andächtiger Zug, eine kleine Gemeinde, die sich versammelt hat, um eine für sie fast fremde Frau zu ehren. Natürlich ist sie für Frau Reinhard keine Fremde, aber ob ihr Geist den ganzen Vorgang wirklich noch mit dem Tod ihrer Schwester in Verbindung bringen kann – wir wissen es nicht.

Ein Lächeln, das unerklärbar bleibt

Neben all den schweren, schmerzhaften und auch bedrängenden Erfahrungen, die wir im Umgang mit Sterbenden machen, gibt es auch andere. Es sind Erlebnisse, die uns hin und wieder geschenkt werden, vielleicht gerade in Augenblicken der inneren Not, der Verzweiflung oder auch der Unsicherheit. Zumeist sind es stille, leicht übersehbare Signale, deren äußere Unscheinbarkeit in keinem Verhältnis zu ihrem inneren Wert stehen. Es mögen Zeichen einer anderen Welt sein, eines Jenseits, die auf diesen stillen Wegen zu uns kommen.

Da gibt es das Erlebnis, dass plötzlich in der Nacht der Sterbende erwacht und zögernd beginnt zu erzählen, vorsichtig, als habe er Angst, kein Gehör zu finden: „Wissen Sie, da habe ich eine wunderschöne Wiese gesehen, die war so voll mit Blumen die leuchteten und hatten Farben, die kann man gar nicht beschreiben, so schön sind die." Und dann erzählt er von Begegnungen und Erlebnissen in einer anderen Welt. Erlebnissen, die so starke und beglückende Gefühle mit sich brachten, dass er sie gar nicht mitteilen kann: „Ich war einfach unbeschreiblich leicht und glücklich." Die Spuren des Erfülltseins sind noch ganz deutlich auf dem Gesicht des Erzählenden zu erkennen.

Manchmal bringen sie Einsichten, ja Weisheiten, die eine andere Qualität haben, eine tiefere Bedeutung in sich tragen, von dorther mit.

Dann wieder gibt es Menschen, die uns plötzlich sagen, wie wunschlos und zufrieden sie jetzt sind, und das sagen sie, während ihr Körper Schmerzen hat oder sie nicht mehr essen und trinken können. Eine Sterbende sagte einmal kurz vor ihrem Abschied: „Ach, ich habe mir mein Leben lang Sorgen gemacht, immer hatte ich Sorgen, um dies und das … Und wissen Sie, ich weiß nun, dass das ganz unnötig ist, wir brauchen uns gar keine Sorgen zu machen, es ist alles gut, wie es ist."

Bei manchen sterbenden Menschen ist diese stille Zufriedenheit und ein Gelassensein schon lange vorher zu spüren. Sie sind bereit zu sterben – sich dem Geheimnis des Todes zu überlassen. Sie erleben den Tod als eine Vollendung ihres Lebens hier auf der Erde, manchmal sogar als Höhepunkt ihres Lebens.

Bei anderen tritt diese Wandlung erst in den letzten Augenblicken, ganz kurz vor dem Verlassen des Körpers ein. Eine Wandlung, die wir nicht erklären oder verstehen können, sondern nur erahnen und auf dem Gesicht des Verstorbenen wahrnehmen können. Eine Wandlung, eine Öffnung, die den Betroffenen über alle Ängste und Verzweiflungen, die bis zu diesem Zeitpunkt bestanden, hinaushebt. Da hatte gerade noch jemand schwere Kämpfe zu durchstehen, das Loslassen wurde so unsagbar schwer, und nun liegt ein zufriedenes, ja glückliches Lächeln auf dem Gesicht.

Manchmal ist es schon mit dem Eintritt des Todes zu sehen, oft ist es ein Ausdruck des Staunens oder auch des intensiven inneren Schauens oder des Strahlens. Dann wieder kann es der Ausdruck großen inneren Friedens sein, oder es breitet sich dieser Ausdruck von Gelöstheit und Zufriedenheit erst nachträglich, nach einigen Tagen über die Züge der Toten.

Dieser Ausdruck auf den Gesichtern von Verstorbenen ist vielleicht das letzte und tiefste Geheimnis, dem wir im Umgang mit Sterben und Tod begegnen. Können wir uns hierfür öffnen, so werden wir tief berührt. Es ist, als ob uns etwas von der Ewigkeit her anspricht. Wir werden angerührt von einer Schönheit, die nicht mehr nur aus dem eigenen kleinen Dasein kommt, sondern die auf etwas „Größeres" an dem wir teilhaben, hinweist. Wir sehen dann den Anderen in seiner Würde, so wie er gemeint ist.

Unabhängig von dem Weg des Sterbens können wir für wenige Momente vielleicht die Vollkommenheit und die größere Ordnung des Geschehens erahnen. Wir erfahren, dass das, was wir für den Tod halten, nur den Körper betrifft.

Sie sieht so friedlich und schön aus

Die Begleitung einer Sterbenden über sechs Monate: Ein Weg, den wir gemeinsam gehen, ein Weg für jede von uns beiden, und ganz für sich allein. Frau Arlett ist eine Frau von einundsechzig Jahren, an Knochenkrebs erkrankt, die nach einer Brustoperation wegen eines Tumors und einer chemotherapeutischen Behandlung weitere medizinische Maßnahmen ablehnte. Mein erster Besuch findet im Herbst statt. Frau Arlett empfängt mich in ihrer schönen, mit vielen Büchern eingerichteten Wohnung. Sie ist promovierte Germanistin und war bis zur vorzeitigen Pensionierung als Lektorin tätig.

Bei dieser ersten Begegnung schildert sie sehr sachlich, beinahe kühl, den Verlauf ihrer Krankheit, ihre Einstellung dazu und ihre jetzige Situation. Frau Arlett lebt nach der Ehescheidung allein. Ein Bruder und eine Schwester sind ihre einzigen Angehörigen. Zwei Frauen im Haus stehen ihr nahe. Sie lässt keinen Zweifel aufkommen, dass sie sehr gut allein mit ihrer Situation fertig werde und sich die notwendigen äußeren Hilfen schaffen könne.

Im stillen frage ich mich, welche Aufgaben dann auf mich zukommen mögen. In den folgenden Wochen verlaufen meine regelmäßig mit ihr vereinbarten Besuche nach einem bestimmten Ritual: Wenn ich komme, ist der Teetisch gedeckt, der Tee dampft auf dem Stövchen, frisch gebackener Kuchen und Schlagsahne stehen bereit. Sobald wir uns an den Tisch gesetzt haben, kommt mühelos ein Gespräch in Gang, in dem mir Frau Arlett ihre Lebensgeschichte, ihre Einstellungen, Weltanschauung und Lebenserinnerungen erzählt.

Nach einiger Zeit bin ich unsicher, ob ihr das genügt, und ich wage mich mit meiner Unsicherheit heraus. Ist es nicht erforderlich, kleine Besorgungen, Hilfeleistungen bei der Bewältigung des Alltags zu leisten? Aber Frau Arlett zerstreut alle meine Bedenken. Nein, gerade das Gespräch sei für sie so wertvoll – aussprechen zu dürfen, dass es auf das Ende zugehe, ohne von mir beschwichtigenden Trost oder Abwehr des Einverstandenseins mit dem Sterben zu erfahren – dies mache diese Stunde zu einer Kostbarkeit für sie.

Mir fällt auf, wie Frau Arlett sich jedes Mal „schön macht“ für unsere gemeinsame Stunde. Inzwischen sind ihre Haare als zarte Locken nachgewachsen – anfangs hatte sie mich mit einer Perücke empfangen, die sie nun fortlässt. Sie schminkt sich die Lippen, trägt Schmuck und farbige Seidentücher und freut sich, wenn ich mich ebenfalls hübsch kleide.

Immer herzlicher und freudiger empfängt sie mich in der folgenden Zeit, und obwohl die Krankheit sichtbar fortschreitet – Frau Arlett hat sehr abgenommen und leidet unter starken Schmerzen – werden unsere Gespräche zu einem intensiven Austausch von Gedanken, Einstellungen und Lebenserfahrungen, der für mich ein großer Gewinn ist. Wir haben begonnen, Bücher auszutauschen und zu besprechen.

Alles was in der folgenden Zeit geschieht, gewinnt die Bedeutung eines „letzen Mals“. Der kleine Rundgang ums Haus, bei dem wir Äpfel und Walnüsse aus dem Gras aufheben, die gelbe Blätterpracht der Birke vor dem Fenster, die Herbststimmung über den abgeernteten Feldern, der Novembernebel, Weihnachten – dies alles löst Abschiedsgefühle aus, die mich gelegentlich beklommen machen, wenn ich sie so real von ihr ausgesprochen höre.

Frau Arlett muss sich den behandelnden Ärzten gegenüber fast kämpferisch behaupten, um weitere medizinische Behandlungen abzuwehren. Trotz starker Schmerzen lehnt sie eine Schmerzbehandlung mit Morphin ab, weil sie nicht glauben will, dadurch keine Beeinträchtigung ihres klaren Denkens zu erfahren. Da sie sich viele Jahre mit Meditations- und Yogaübungen beschäftigt hat, erfährt sie auf diesem Wege Erleichterung und Entlastung.

Am Montag nach dem zweiten Advent ist Frau Arlett ganz besonders erregt und freudig, obwohl es ihr sichtlich sehr schlecht geht. Sie erzählt mir, wie sie sich ihre Beerdigung vorstellt. Dafür hat sie einen Abschiedstext geschrieben, der von einem Freund vorgelesen werden soll. Wir hören noch gemeinsam das „Miserere“ aus einer Messe, diese Musik hat sie sich als Beerdigungsmusik ausgesucht.

Frau Arlett erzählt mir nun, dass sie ihren Todestag – den 8. März – geträumt habe und nun darauf hinlebe.

Am nächsten Tag kommt sie wegen großer Schwäche ins Krankenhaus, die Lunge ist voller Wasser, gegen die Schmerzen bekommt sie Cortison, und zusätzlich hat sie eine starke Bronchitis.

Nach anderthalb Wochen besteht sie darauf, nach Hause entlassen zu werden. Ihre Kräfte reichen jedoch nicht mehr zu längerem Aufstehen. Die Nachbarinnen und eine Nachbarschaftshelferin sind ihr im Haushalt und beim Kochen behilflich, meistens kann sie nur noch Zwieback und Tee oder Suppe zu sich nehmen.

Mit großem Nachdruck besteht sie auf unseren Gesprächsstunden. Der Tee, wie auch die Wärmflasche wird nun von mir bereitet, und ich verrichte kleinere Hilfeleistungen, aber meine eigentliche Begleitung besteht weiterhin in der Form des Gesprächs – von nun an am Bett, aber mit unverminderter Intensität.

Meine Gefühle zu ihr sind abwechselnd die einer Schwester, einer Freundin und auch einer Tochter. Einmal umarmt und küsst mich Frau Arlett herzlich – „solange wir uns noch drücken können" – sagt sie, und mir schießen die Tränen in die Augen. Dann wieder verspricht sie, mir aus „der geistigen Welt" Signale zu senden; wenn es möglich sei. Ein andermal fragt sie: „Ob es wohl klappt mit dem 8. März?"

Der Einblick in ihre angstfreie Haltung dem Tod gegenüber konfrontiert mich stark mit meiner eigenen inneren Haltung. Wie würde es mir an ihrer Stelle ergehen?

Mitte Januar muss sie dann wieder ins Krankenhaus, in der Nacht hatte sie akute Erstickungsanfälle bekommen. Als ich sie im Krankenhaus besuche, liegt sie unter einer Sauerstoffmaske. Sie ist abweisend und gibt zu erkennen, dass sie allein sein will. Mir wird schmerzlich bewusst, dass wir nie geklärt haben, ob sie von mir begleitet sein möchte, auch in ganz schwerer Zeit, wenn wir nicht mehr sprechen können. Hilft es ihr, wenn ich mich still zu ihr setze?

Zwei Tage später freut sie sich wieder über meinen Besuch. Die mitgebrachte Rose und einige meiner liebsten Bücher lasse ich nach zehnminütigem Aufenthalt auf ihrem Nachttisch, gehe – und fühle mich sehr hilflos.

Nach einer Lungenpunktion bessert sich ihr Befinden wieder soweit, dass sie Luft bekommt und sprechen kann.

Ihre disziplinierte, Anteilnahme verweigernde Art wird ihr auf der Station als Arroganz ausgelegt. Auch ihre Geschwister sind ratlos, wie sie mit ihr umgehen sollen. Meine Aufgabe in dieser Zeit liegt vor allem im Vermitteln und Verstehbarmachen.

Ende Januar besteht Frau Arlett, gegen den Einspruch der Ärzte und ihrer Verwandten, und auch ich rate ihr davon ab, auf einer erneuten Entlassung nach Hause. Sie ist sehr geschwächt und hat starke Schmerzen. Als ich sie besuche, meint sie, sie hoffe, zu Hause sterben zu können, nun könne es nicht mehr lange gehen. Schon nach einer Woche muss sie jedoch mit akuter Atemnot wieder ins Krankenhaus – es beginnt ein qualvoller Prozess. Am schwersten fällt es Frau Arlett, sich in die Abhängigkeit Anderer zu begeben, das eigene Leben nicht selbst bestimmen zu können. Das macht sie unleidlich und zornig.

Nach einer erneuten Lungenpunktion lässt sie sich vom behandelnden Arzt zur Schmerzlinderung mit Morphin bewegen. Frau Arlett gibt mir einige Anweisungen für die Besorgungen in ihrer Wohnung, letzte Dinge sind noch zu regeln, Schmuck an die beiden Nachbarsfrauen zu schenken, geliebte Blumenstöcke zu verteilen.

Weil das Sprechen in der Krankenhausatmosphäre nicht so sehr gut möglich ist, schreibe ich ihr einen Abschiedsbrief, den ich ihr zusammen mit einer Rose am nächsten Tag bringe. Wir verabschieden uns liebevoll. Als ich am 6. März abends zu ihr komme, sehe ich, dass Frau Arlett nun endgültig im Sterben liegt. Ihr Körper ringt mit den letzten Kräften des Lebens. Ich stehe für eine Weile neben ihr und konzentriere meine Gedanken und Empfindungen ganz auf diesen besonderen Abschiedsmoment und verlasse sie dann in dem Wissen, dass sie in dieser Nacht von ihrer Schwester begleitet wird.

Am 7. März, um drei Uhr nachts, erhalte ich aus dem Krankenhaus von ihrer Schwester die Nachricht, dass sie soeben verstorben sei. Mit einer Kerze fahre ich ins Krankenhaus. Wir nehmen bis zum frühen Morgen, teils schweigend, teils Texte lesend, Abschied. Sie sieht so friedlich und schön aus, trägt das selbstgenähte Yogahemd, das sie als Sterbekleid wünschte, auf der Brust liegt die Rose, die ich gestern, als sie noch lebte, mitgebracht hatte.

Mich erfüllt in diesem Moment und auch am Tag danach nur ein Gedanke: Geschafft! Du hast es geschafft! Wie froh bin ich mit dir!

Aufgebahrt

Mit leichtem Druck öffnet sich die schmale weiße Tür. Leise, behutsam lasse ich die Tür zugleiten zum Rahmen, schließe sie nicht ganz, lasse sie einen spaltbreit offen, so als wolle ich dem Bewusstsein dafür, dass es außerhalb dieses Raums noch eine Welt gibt, Einlass geben.

Durch ein kleines Fenster oben in der Wand fällt ein Strahl, eine handbreit Licht der Wintersonne in den Raum, fällt auf das Gesicht einer Toten. Ich habe sie im Leben nicht gekannt und schaue sie nun in ihrem Todsein. Wie, als könnten sie nicht anders, legen sich meine Hände zusammen, drücken aus, dass sie in Ehrfurcht sich zurücknehmen, dass sie nicht greifen und berühren werden, was ihnen nicht zusteht. Still wollen sie sein, die Hände, und auch die Augen gleiten nur behutsam über das Bild, das vor ihnen liegt.

Die Sprache war schon, bevor ich die Tür geöffnet hatte, verstummt, hatte sich in eine sanfte Lautlosigkeit zurückgezogen. Da lag sie: Ruth. Eine Frau, die ich aus einigen wenigen Erzählungen kannte. Die rechteckige Öffnung des Sarges, das weiße steife Tuch, das so gar kein Gewicht zu haben scheint, bedeckt die Glieder. Nicht mehr ganz wirklich gemeint, schützt sie wohl nur die Augen des Betrachters, schützt die Wahrnehmung vor der Wirklichkeit des Verfalls.

Ein schöner üppiger Nelkenstrauß liegt auf dem Tuch, drückt es etwas herab auf den Körper. Wann wird Ruth zum letzten Mal einen so prachtvollen Strauß bekommen haben? Das Wenige, das ich von ihr weiß, spricht eher von einem kargen, herben Leben.

Viele Härten wurden durchgetragen, viel Mangel, besonders Mangel an Zuneigung, Wärme, Zärtlichkeit und Liebe.

Und auch die letzten Wochen waren angefüllt von Ängsten, Sorgen, Nöten, Qualen der Einsamkeit, dem Unvermögen, der unauslotbaren Angst vor dem Kommenden. Nun liegt sie da; nun ist es vollbracht. Ihre schönen schmalen Hände liegen übereinander gelegt auf der glänzenden Decke. Sie werden nicht mehr suchen, greifen, werden bei einer Zärtlichkeit sich nicht mehr furchtsam, scheu zurückziehen wollen, werden nicht mehr winken. Ehrfurchtsvoll betrachte ich ihr Gesicht, das Lächeln im Abschied des Todes, das wir auf so vielen Gesichtern von Verstorbenen sehen.

Ein Lächeln, das unerklärbar bleibt.

Jeder von diesen Toten trägt sein eigenes, und doch wieder haben alle diese Lächeln etwas Gemeinsames; und gerade das Gemeinsame ist es, das wir kaum mehr benennen können, da es nicht mehr aus dieser Welt kommt.

Der klare Schnitt der Nase, die glatte, hoch gewölbte, faltenlose Stirn. Etwas Edles, Würdevolles geht aus von dieser Klarheit. Die Augen liegen tief und auch sie haben so einen heiteren Schein um sich, als hätten sie gerade noch versöhnlich gezwinkert, um sich dann zu schließen.

So liegt sie da. Ruth. Ein schönes, würdiges Bild eines Menschen. Glanz und Hoheit gehen von ihr aus. Alles Kleinliche und Verquälte hat sich gelöst und abgehoben. Zurück bleibt die Essenz eines Lebens, eines gelebten Lebens, das in sich seinen Sinn, seine Würde und Erfüllung fand. Etwas liegt über diesem Antlitz, das mehr ist, als es diese Welt hier alleine zu geben vermag.

... „von der Seligkeit der Nacht, die hell sein wird wie der Tag, in dem sich das Himmlische mit dem Irdischen, das Göttliche mit dem Menschlichen verbindet." (Aus dem Exultet der Osternacht)

Ein letztes Mal

Du bist für zwei Tage beruflich unterwegs. Nach dem ersten Arbeitstag gehst du zum Bahnhofkiosk und willst dir eine Tageszeitung kaufen. Plötzlich sinkst du zu Boden und bist bewusstlos. Du wirst ins Spital gebracht, wo man erstaunlich schnell herausfindet, dass du eine Gehirnblutung hattest. Du liegst auf der Intensivstation, wirst künstlich beatmet – aber die Blutung ist sehr groß gewesen, sodass du kaum eine Chance hast zu überleben. Du zeigst auch keinerlei Reflexe mehr. Als ich endlich, nach einer langen Fahrt auf der Intensivstation klingele, fragen mich die Schwestern, ob ich zuerst mit dem Arzt sprechen möchte. Aber ich will zuerst zu dir, dich sehen, dich spüren ...

Du liegst in dem großen, kalten Krankenhausbett – viele Apparate sind um dich herum. Hilflos und zart wirkt daneben dein Körper. Der Schlauch vom Beatmungsgerät verändert dein Gesicht.

Das ist mein erster Blick, und in mir schreit es: „Nein, das kann, das darf doch nicht wahr sein. – Wie grausam ist doch das Leben und der Tod."

Nach einiger Zeit werde ich ruhiger und nehme *dich* wahr, nicht nur die Apparate und die Klinikatmosphäre. Still liegst du da – deine Augen sind geschlossen. Dein Körper ganz entspannt. Ich streichle deine Arme, spüre und rieche deine Haut, die noch so ganz nach dir riecht. Frieden geht trotz allem von dir aus. Einerseits scheinst du ganz nah – und andererseits schon weit weg, beinahe in einer anderen Welt.

Unser Wunsch, dass du vom Beatmungsgerät weggenommen wirst, wird respektiert. Als der Atmungsschlauch aus deinem Mund entfernt ist, entspannt sich dein Gesicht. Etwas löst sich. Du beginnst von alleine zu atmen, ganz ruhig und gleichmäßig, du, der du immer um die Kraft und das Geheimnis des Atmens wusstest. Es ist noch nicht deine Zeit.

Für Momente steigt Hoffnung in mir auf: Könnte nicht ein Wunder geschehen? Aber nach einer Weile erlischt die Hoffnung, und ich wünsche dir, dass dein Weg nicht zu lang sein wird. Die Ärzte sagen, es kann noch Tage dauern, aber auch nur noch Minuten.

Die nächsten Tage

Dein Bruder hat Kerzen und Blumen mitgebracht: Licht in dieser Zeit. Wir sind dankbar, dass hinter den Vorhängen, die dich von den beiden anderen Kranken abtrennen, eine ganz dir eigene Ruhe entstehen kann. Frieden, ganz tiefer Frieden geht von dir aus.

Ich darf bei dir bleiben, auch nachts. Ich lege meinen Kopf neben den deinen und tauche in tiefen Schlaf ein, lasse mich vom Schlaf umarmen, wie du immer sagtest. Noch darf ich deine Nähe und Wärme spüren. Du liegst friedlich da, beinahe mit einem Lächeln auf dem Gesicht, weit weg, schon in deiner Heimat.

Manchmal spreche ich zu dir, danke dir für unsere gemeinsame Zeit, für deine Liebe und versuche, dich gehen zu lassen. Ich sage, dass, wenn du jetzt gehst, ich dich mit Liebe begleite.

Die viereinhalb Tage werden zeitlos. Zeit, die wie Ewigkeit ist, enthoben in eine andere Wirklichkeit. Liebe, die nichts mehr für sich will, entsteht in mir – verbindet uns. Die Ruhe, die Stille, die du ausstrahlst, trägt mich.

Dasein – ohne zu warten auf den Moment deines körperlichen Sterbens, dich und uns nicht drängen. Am zweiten Tag kann ich es loslassen, im Moment deines Übergangs dabei sein zu wollen. Du wirst deinen Weg gehen und es ist „dein“ Moment. So wie es geschehen wird, wird es richtig sein.

Sonntag Abend

Nach einem Telefongespräch kehre ich wieder zu dir zurück. Deine Hände sind trotz des Fiebers kalt. Ich spüre: Jetzt wirst du gehen. Und ganz friedlich löst du dich vom Körper, hin zum Licht. Ohne Kampf hast du dich in *seine* Hände begeben – bist *seinem* Willen gefolgt.

Wir sitzen mit Kerzen in der Stille. Licht, Frieden und tiefe Ehrfurcht vor dem Geschehen deines Gehens ist in mir. Noch ein letztes Mal darf ich deinen Körper waschen. Es ist für mich kaum fassbar, dass dieser unbeschadete und kraftvoll erscheinende Körper kein Leben mehr in sich trägt. Es ist gut, dass ich diese Momente allein mit dir sein darf. Ich nehme schmerzlich Abschied von deinem Körper, der mir so nah und vertraut ist und über den ich dich erleben durfte.

Gedanken zur Begleitung

In den folgenden Hinweisen möchte ich verschiedene Schwerpunkte einer Begleitung noch einmal kurz zusammenfassen.

Sicherlich wünschen Sie sich von diesem Kapitel Antworten und konkrete Hinweise für die Begleitung sterbender Menschen. Aber wahrscheinlich haben Sie andererseits auch erfahren, dass es gerade bei der Begleitung Sterbender *nicht* darum geht, Antworten zu haben, genaue Vorstellungen vom eigenen Verhalten und dem Verhalten des Menschen, den wir begleiten, dass uns gerade hier vorgefasste Meinungen und Ratschläge wenig helfen.

Auf Fragen einlassen

Wir erfahren, dass all unser angelesenes Wissen über dieses Thema uns wenig helfen kann, wenn wir zum Beispiel in unserer eigenen Angst gefangen sind. Aus unserer Hilflosigkeit und Ohnmacht vermeiden wir dann vielleicht das Gespräch mit dem Betroffenen, weichen aus oder flüchten in äußere Aktivitäten, versuchen möglichst wenig mit dem Erkrankten, mit seinem Sterben zu tun zu haben, können nicht auf ihn eingehen.

Von daher ist es grundlegend wichtig, dass wir uns zunächst mit unserem eigenen möglichen Sterben auseinander setzen, uns also auf folgende Fragen einlassen:

- Wie würde es mir gehen, wenn *ich* eine lebensbedrohliche Erkrankung hätte?
- Wie wäre es, wenn *ich* stark pflegebedürftig, vielleicht im Rollstuhl oder bettlägerig dem nahenden Tod entgegengehen würde?
- Wäre *ich* bereit zu gehen, jetzt zu sterben?

- Mit wem hätte ich noch etwas zu klären, bei wem vielleicht das Bedürfnis, eine Verletzung, eine Enttäuschung oder auch meinen Dank auszudrücken?
- Habe ich meine Liebe, meine Zuneigung genügend gezeigt?
- Wie wäre es für mich, Abschied zu nehmen vom Leben, von der Natur, von den geliebten Menschen?

Wenn wir uns auf diese Fragen einlassen, tauchen vielleicht nicht gekannte Gefühle der Angst, der Wut oder der Trauer auf. Wichtig ist es, dass wir diese Gefühle und Gedanken zulassen, unsere wirklichen Empfindungen wahrnehmen und Wege suchen, sie im Gespräch mit anderen auszusprechen. Denn gerade durch das Aussprechen dieser Gefühle, dieser vielleicht schwierig zu äußernden Gedanken, können wir erfahren, dass wir nicht allein sind mit ihnen, und unsere Abwehr und Angst kann sich verändern und wandeln.

Selbstauseinandersetzung mit dem eigenen Sterben und Tod heißt nicht, dass wir ein abgeklärtes Verhältnis zum Tod haben oder ganz angstfrei geworden sind. Aber wichtig ist es, in dieser Auseinandersetzung ein Stück weit den eigenen Lebens- und Sterbeängsten zu begegnen und sie zu kennen, sodass sie nicht die Begegnung mit dem sterbenden Menschen behindern. Manchmal können wir vielleicht eigene traumatische Erlebnisse und Erinnerungen mit Verstorbenen aufarbeiten. Wir lernen, uns mit der Endlichkeit unseres „hier seins“ vertrauter zu machen und es anzunehmen.

Lassen wir uns mit unserer ganzen Person auf die Auseinandersetzung mit dem Sterben ein, so zeigt sie uns deutlich, wo wir selber im Augenblick im Leben stehen, stellt auch unser eigenes Verhalten und Sein in Frage, z. B. wie wir unsere Zeit verbringen, ob wir unser Leben so leben, dass wir bereit wären zu sterben oder vieles versäumt hätten ...

All diese Fragen, die uns tief bewegen, kann die Begleitung Sterbender manchmal schwer und belastend machen, weil unsere Vorstellungen und wir selbst, unsere Art zu leben in Frage gestellt werden.

Es gibt dann Zeiten, in denen uns das zu viel erscheint, zu belastend, da möchten wir am liebsten davonlaufen. Aber gerade diese Auseinandersetzung mit dem eigenen Tod kann auch eine Chance sein, – uns jetzt, solange wir noch gesund sind, noch Lebenszeit haben, das für uns als richtig Erkannte ins Leben hinein umzusetzen und zu verwirklichen. Sie kann uns helfen, bei der Arbeit nicht auszubrennen, denn wir erkennen dann eher, was wir durch die Begegnung mit dem sterbenden Menschen lernen, was wir geschenkt bekommen, wie der Sterbende uns hilft, dass also nicht nur wir die „Helfenden“ oder „Gebenden“ sind, sondern dass das Geben und Nehmen ein fließender Prozess ist.

Diese Bereitschaft, sich auch als Begleiter von dem Sterbenden ansprechen zu lassen, sich auch mit der eigenen Endlichkeit auseinander zu setzen, ist die Grundlage für die Begleitung. Auf diesem Boden kann ich Anregungen und Hilfen aufnehmen und verwirklichen, denn dann bin ich selber nicht mehr Gefangener meiner Ängste und Unsicherheiten.

Den Anderen zu verstehen suchen

Jeder von uns lebt in seiner eigenen Wirklichkeit mit persönlichen Empfindungen, Stimmungen, und jeder von uns nimmt Ereignisse in unterschiedlicher Bedeutung wahr. So reagieren z. B. zwei Menschen auf ein und dieselbe Krankheit sehr unterschiedlich. Der eine ruhig und gelassen, der andere mit Angst, Trauer, Verzweiflung, und der dritte mit Wut und Aggression.

Es ist wichtig, dass wir wirklich hinhören, wie jeder Einzelne mit seinem Schicksal umgeht, welche Fragen und Gedanken ihn beschäftigen, wie es ihm geht, – und ihm das Verstandene auch mitteilen. Wir vergewissern uns so, ob wir den sterbenden Menschen auch wirklich richtig verstanden haben, denn es besteht immer die Gefahr, dass wir in unseren eigenen Gedanken, Ängsten und Vorstellungen gefangen sind und dann den Anderen in seiner Wirklichkeit nicht richtig wahrnehmen, das heißt, seine Äußerungen missverstehen oder umdeuten, Wesentliches vielleicht überhört haben. Durch unser Bemühen, ihn in seiner Gedankenwelt zu verstehen, fühlt er sich nicht mehr so allein in seiner Situation, mit seinen Fragen, Ängsten und Hoffnungen.

Wenn wir die wahrgenommenen psychischen Stimmungen des Patienten nicht nur anderen Begleitern gegenüber äußern, wie zum Beispiel: „Sie ist heute nicht gut drauf“, sondern auch dem Patienten gegenüber sagen: „Sie scheinen heute sehr niedergedrückt und traurig“, fühlt er sich nicht nur als kranker Patient, sondern als Person wahrgenommen und ist oftmals ermutigt, über sich, seine Sorgen und Ängste zu sprechen. Ein solches Gespräch kann helfen, Stimmungen zu lösen und eine schwere Zeit besser zu bewältigen.

Manchmal passiert es uns, dass wir wahrnehmen, dass es dem sterbenden Menschen schlecht geht, aber wir scheuen uns, ihn darauf hin anzusprechen, weil wir Angst haben, dem Anderen zu nahe zu treten und unsicher sind, was wir damit bei ihm auslösen. Wir haben vielleicht Angst vor den Tränen, Angst vor den Gefühlen, deren Ausbrechen wir dann nicht mehr kontrollieren können. Es mag auch sein, dass wir Angst haben, das Weinen des Anderen könnte bei uns selbst Tränen auslösen. Die Tränen des Anderen machen uns hilflos, und wir meinen, wir müssten in einer bestimmten Weise Abhilfe schaffen.

Wir vertrauen zu wenig, dass es dem sterbenden Menschen oft schon hilft, weinen zu dürfen oder seine Sorgen auszusprechen und darin wahrgenommen zu werden, ohne gleich beschwichtigt zu werden.

Den Anderen *wirklich hören* – vielleicht erscheint dies selbstverständlich, doch wie schnell neigen wir dazu, zu trösten, zu beschwichtigen, Angst und Hilflosigkeit zu überspielen. Manche Begleiter haben Vorstellungen vom Prozess des Sterbens, vom Durchlaufen verschiedener Phasen und vielleicht von einem idealen Sterben. Es kann für die Begleitung hilfreich sein, die Sterbephasen von Dr. Elisabeth Kübler-Ross zu kennen. So kann es uns z. B. helfen, die gegen uns gerichteten Wutgefühle nicht persönlich zu nehmen und uns zu verteidigen, sondern zu verstehen und unser Herz nicht zu verschließen. Wenn wir aber phasenfixiert sind, neigen wir dazu, einzuordnen und *ihn* gar nicht mehr wahrzunehmen in seinem wirklichen Sein.

Sich in die Innenwelt des Kranken einzufühlen, hilft uns, nonverbale Zeichen und Symbole zu entschlüsseln. Vor allem sterbende Menschen deuten häufig ihre innere Situation in symbolischer Sprache an. Die Symbole einer Reise, einer Bergtour und die des Wetters sind uns vertraut, andere Bilder erfordern oft mehr Einfühlung.

Als einfühlsamer Begleiter beachten wir auch die Umwelt des sterbenden Menschen. Der sterbende Mensch muss sich von ihr lösen – Angehörige und Freunde müssen von ihm Abschied nehmen. Der Abschied wird oft durch Unerledigtes oder Unausgesprochenes erschwert. Manchmal können wir als Helfer vermitteln.

Das Loslassen fällt dem Angehörigen in den letzten Tagen oft schwerer als dem Sterbenden selber. Auch sie brauchen Hilfe und Unterstützung durch unsere Anteilnahme und unsere Ermutigung, z. B. die Ermutigung, wenn der Sterbende im Koma liegt, da zu bleiben, ihn vielleicht zu berühren, zu streicheln oder mit ihm zu sprechen, auch wenn er es „scheinbar gar nicht mehr mitbekommt". Manchmal sind Angehörige so betroffen und hilflos, dass sie am liebsten fliehen möchten – aber meistens sind sie sehr dankbar, wenn wir ihnen helfen, Abschied zu nehmen.

In der Stunde des Sterbens zeigt sich unser Einfühlen weniger in Worten als im schweigenden und stillen Dabeisein.

Die Einfühlung in das Atmosphärische des Geschehens gelingt uns nur, wenn wir innerlich selbst ruhig sind, das Vor- und Nachher loslassen können und ganz anwesend sind. Vielleicht müssen wir uns des öfteren prüfen, ob wir aus der Pflicht, vielleicht auch aus dem Mitleid heraus handeln, also das Leid des Anderen gar nicht ertragen können, oder aus dem Mitempfinden, aus dem Verstehen und der Liebe zu seinem Menschsein und der Achtung.

Den Anderen annehmen und achten, so wie er ist

Fühlt sich der erkrankte Mensch von uns mit all seinen Möglichkeiten, aber auch mit all seinen Schwierigkeiten angenommen und geachtet, so kann auch er sich leichter in seiner Situation annehmen. Unsere Zuwendung ist dann nicht an Bedingungen geknüpft, sie ist unabhängig davon, welches unmittelbare Gefühl in dem Anderen gerade gegenwärtig ist: sei es Verwirrung, Groll, Furcht oder Zorn, Resignation, Mut, Liebe oder Stolz.

Manchmal ist es sehr schwer, diese bedingungslose Zuwendung aufrecht zu erhalten. Zum einen sind wir unseren eigenen Stimmungen unterworfen, wir identifizieren uns vielleicht fälschlicherweise mit den Gefühlen des Kranken, und zum anderen schwanken die Gefühle des Patienten oft heftig und schnell zwischen Kampf und Resignation, zwischen Abschiedsschmerz und Hoffnung, zwischen Ablehnung und dem Bedürfnis nach Annahme, Nähe und Liebe.

Da ist es dann hilfreich, sich bewusst zu machen, dass Gefühle Informationen aus dem Inneren sind, wir brauchen sie nicht zu fürchten oder sie gar uns selbst oder dem sterbenden Menschen auszureden.

Wenn wir dem Erkrankten sehr nahe stehen oder selber sehr erschöpft sind, neigen wir leicht dazu, negative Gefühle persönlich zu nehmen. Zum Beispiel beziehen wir dann den gezeigten Zorn auf uns oder wir sehen es als unser Versagen an, dass wir dem Anderen nicht helfen können loszulassen, dass sich seine Auflehnung noch nicht in Annahme verwandelt hat.

Manchmal fällt es uns dann schwer, ihm seine, ihm notwendige Zeit zu geben, ihm seine Art des Sterbens zuzugestehen, uns dieser, seiner Art zu öffnen.

Unsere Wertschätzung drückt sich auch in körperlicher Zuwendung und kleinen Gesten aus. Wenn wir krank sind, loslassen und Abschied nehmen müssen, sind wir vielleicht besonders offen für menschliche Nähe und sehnen uns nach der wärmenden Hand eines Mitmenschen.

Nicht immer wünscht sich der sterbende Mensch jedoch körperliche Nähe. Manche Menschen möchten ganz bewusst, ohne ablenkende Berührung, manchmal auch alleine sterben. Deshalb ist es wichtig, dass wir besonders behutsam und einfühlend unsere Nähe anbieten, unsere Hände auch mal ruhen und uns vom Kranken leiten lassen.

Gerade der sterbende Mensch nimmt sehr sensibel wahr, ob wir uns hinter einer Maske verstecken oder ob wir uns von seiner Not betroffen machen lassen und uns mit unserem „Sein" auf ihn einlassen.

Das bedeutet zunächst, dass wir uns selbst gegenüber aufrichtig sind. Wir hinterfragen uns und unser Verhalten:

– Was spricht der Andere in mir an, dass ich so wütend oder ärgerlich oder hilflos reagiere?
– Was wäre für mich selber wirklich hilfreich?
– Begegne ich dem Anderen so, wie ich es mir für mich selbst wünschen würde?
– Möchte der andere Mensch wirklich von mir begleitet werden? Bin ich bereit, Signale in dieser Richtung wahrzunehmen?

Es mag sein, dass wir als Helfer vielleicht auch unsicher sind, ob wir denn auch Persönliches mit dem sterbenden Menschen teilen sollen – wir haben vielleicht auch Scheu, ihm vom Leben zu erzählen. Und doch habe ich immer wieder erfahren, wie wichtig dies für manche Patienten sein kann. Zum einen, mehr von *uns* zu erfahren, zum anderen mehr *vom Leben „draußen"*, denn wir sind ja oftmals eine Brücke zu der Welt draußen.

Es kann auch sein, dass wir uns in der Begegnung schützen und uns nicht zu sehr auf den Anderen einlassen wollen, weil wir den Schmerz fürchten, wenn er dann stirbt. Wir fürchten, uns zu sehr mit ihm zu identifizieren, zu viel zu geben und auszubrennen ... Woher soll ich denn die Kraft nehmen?

Wir werden dann aber auch nicht mehr in dem Maße von der Begegnung bereichert, denn vielleicht ist gerade im mitgeteilten und geteilten Schmerz die tiefste Begegnung möglich; dort, wo es keine Trennung mehr zwischen Helfer und Patient gibt, dort, wo wir uns nur noch der göttlichen Kraft in der Dunkelheit anvertrauen können.

Es ist nicht leicht, dieses Gleichgewicht zwischen dem Mitempfinden für den Anderen und andererseits dem Bedürfnis, sich zu schützen, zu finden. Wir werden das eine Mal mehr auf der einen, das andere Mal mehr auf der anderen Seite stehen. Und doch erfahren wir immer wieder, dass gerade die Suche nach diesem Gleichgewicht ein wichtiger Schritt auf dem Weg zu uns selbst ist.

Anhang

Die Hospizbewegung – wie sie eine Bewegung bleiben kann

‚Wenn wir eine weise Frau brauchen, um uns ins Leben zu begleiten, so brauchen wir jemand ebenso weisen, um uns wieder hinaus zu begleiten.‘

Der Hospiz-Gedanke ist mehr als 2000 Jahre alt. Hospize waren im Mittelalter Herbergen, die von Nonnen und Mönchen geleitet wurden und Pilger ins Heilige Land aufnahmen. Die Motivation der Hospiz-Bewegung kommt aus der gelebten Spiritualität, denn an erster Stelle steht, dem sterbenden Menschen Liebe und fürsorgende Pflege zu geben. Hospiz bedeutet eine einmalige Verbindung von Spiritualität und Medizin. Diesen Gedanken, dem sterbenden Menschen eine letzte Herberge zu geben, möchte die Hospiz-Bewegung aufgreifen. Es muss nicht immer eine gemauerte Herberge sein, sondern wir selber als Mitmensch können Herberge, Hospiz für den sterbenden und trauernden Menschen sein, indem wir unser Herz für die Nöte und Ängste des Anderen öffnen und ihn damit nicht allein lassen. Also im Gespräch nicht die Ängste zu beschwichtigen oder das Geschehen zu beschönigen, sondern den Anderen zu ermutigen, über seine Ängste und Trauer zu sprechen und ihm mit einem mitfühlenden und offenen Herzen zuzuhören.

Der Wunsch der meisten Menschen ist es, zu Hause, in ihrer vertrauten Umgebung zu sterben. Sie hoffen, nicht großen Schmerzen und lebensverlängernden Maßnahmen ausgeliefert zu sein. Wie können diese Wünsche und Hoffnungen verwirklicht werden?

Die Hospiz-Bewegung breitete sich von England auf die ganze Welt aus. 1967 eröffnete durch das Engagement von Dame Cicely Saunders das St. Christophers Hospize in London. In Deutschland stieß die Hospiz-Bewegung zunächst auf Skepsis und Kritik. 1977 äußerten sich die Kirchen, Krankenkassen und Wohlfahrtsverbände negativ gegenüber der Hospiz-Bewegung. Trotzdem wurde 1983 die erste Palliativstation in Köln eröffnet. Palliativstationen sind Stationen in Krankenhäusern, die sich auf die palliative Behandlung, also auf die Linderung von Schmerzen und Symptomen, die das Sterben bedingt, spezialisiert hat. Es geht hier nicht mehr um Heilung, sondern um Linderung.

Heute gibt es in Deutschland über 1000 ambulante Hospizdienste, die sich bemühen, sterbende Menschen und ihre Angehörigen zu Hause zu unterstützen, sodass der Betroffene zu Hause sterben kann. 80 Prozent der Menschen wünschen sich, zu Hause sterben zu dürfen. Tatsache ist aber, dass 80 Prozent in Institutionen sterben. Inzwischen gibt es ca. 70 Palliativstationen und 100 stationäre Hospize. Die Palliativstationen wurden von Anfang an von den Krankenkassen finanziert, bei den stationären Hospizen war dies anders. Seit 1999 hat die Finanzierung endlich eine gesetzliche Grundlage im § 39a SGBV bekommen. In einer Rahmenvereinbarung haben sich die Krankenkassen, die Bundesarbeitsgemeinschaft Hospiz und die Mehrzahl der Wohlfahrtsverbände darauf verständigt, die Kosten aus Mitteln der Kranken- und Pflegeversicherung, des Hospizträgers, sowie durch Eigenbeteiligung der Patienten (wenn möglich) und bei Bedarf des Sozialhilfeträgers zu finanzieren. Die Bundesarbeitsgemeinschaft Hospiz hat hier viel erreicht. Auch die ambulanten Hospizdienste bekommen eine finanzielle Unterstützung über Sozialleistungsträger für die Vorbereitung und Begleitung der Freiwilligen Begleiterinnen, als auch für die Koordination der Einsätze.

Was kennzeichnet nun den Hospiz-Gedanken? Aus den USA gibt es fünf allgemeine Hospizkriterien:

1. Der sterbende Mensch und seine Angehörigen sind gemeinsame Adressaten des Hospiz-Dienstes

Normalerweise stehen die Erkrankung, die Diagnose und Behandlung im Mittelpunkt des medizinisch-pflegerischen Handelns. Sterben betrifft aber den ganzen Menschen und auch seine Angehörigen. Die Angehörigen brauchen die Aufmerksamkeit durch Gespräche und unterstützendes Handeln genauso wie der sterbende Mensch. Gerade in den letzten Tagen und Stunden des Sterbens benötigen die Angehörigen Hilfe vor allem dabei, den sterbenden Menschen loszulassen. Oft ist es für sie wichtig, mit jemandem der ‚nicht betroffen' ist, über die Beziehung zu dem sterbenden Menschen zu sprechen, vielleicht über das, was schwierig aber auch über das, was schön war, auch über ihre Pläne und Fragen, wie ihr Leben nach dem Tod aussehen wird.

2. Unterstützung durch ein interdisziplinäres Team

Nur ein Team (ÄrztInnen / SozialarbeiterInnen / SeelsorgerInnen / PsychologInnen und Freiwillige BegleiterInnen) kann die vielfältigen Nöte, Bedürfnisse und Wünsche des sterbenden Menschen erkennen und dementsprechend handeln. Manche Sorgen und Nöte erzählt der Patient vielleicht eher einer Freiwilligen BegleiterIn, als einem beruflichen Helfer. Entscheidend ist, dass die Personen im Team nicht konkurrieren, sondern sich gegenseitig unterstützen, sich als wichtige Ergänzung erfahren und fortlaufend externe Supervision haben. Dies ist besonders wichtig, weil die Arbeit jeden an persönliche und berufliche Grenzen führt.

3. Die Einbeziehung der Freiwilligen BegleiterInnen

Die Freiwilligen BegleiterInnen sind ein sehr bedeutsamer Bestandteil der Hospiz-Bewegung. Sie werden auf ihre Aufgabe vorbereitet und darin supervidiert. Sie haben Zeit. Zeit um z. B. am Bett zu sitzen, bestimmte Wunschgerichte zu kochen, einzukaufen, vorzulesen, wichtige Gespräche zu führen, den sterbenden Menschen durch die Nacht zu begleiten. Oftmals entsteht eine sehr intensive und nahe Beziehung. Das ist etwas sehr Heilsames für den Patienten. Trotz seiner Hinfälligkeit, durch die er sich eher als Last und Belastung erlebt, wird er von jemandem besucht, der mit ihm zusammensein will und kein Geld dafür bekommt. Gleichzeitig werden die Angehörigen entlastet, sie können in dieser Zeit etwas für sich tun und auch sie werden durch Gespräche mit den Freiwilligen BegleiterInnen unterstützt und in ihrer Aufgabe ermutigt. Durch die Freiwilligen BegleiterInnen wird der Hospiz-Gedanke in die Gesellschaft hinaus getragen, denn sie erzählen in ihrem Freundeskreis von ihrer Arbeit. Auch wird durch ihren Einsatz deutlich, dass die Begleitung eines sterbenden Menschen nicht nur ‚Profisache', sondern eine mitmenschliche Aufgabe ist.

4. Spezielle Kenntnisse in der Symptomkontrolle

Hier steht, neben der Behandlung von Atemnot und Übelkeit, vor allem die Schmerzkontrolle im Vordergrund. Eine der stärksten Ängste vor dem Sterben ist die Angst, in dieser Zeit unter starken Schmerzen zu leiden. Hier hat sich die Hospiz-Bewegung sehr aktiv für eine gute Schmerztherapie eingesetzt. In etwa 95 Prozent können die Schmerzen durch die regelmäßige Gabe von Morphinen in Kombination mit anderen Schmerzmitteln gelindert werden. Wichtig ist aber, den Schmerz in seiner Ganzheit zu sehen: Einmal den physischen, aber auch den emotionalen Schmerz z. B. durch Ängste und Sorgen, den sozialen Aspekt durch Einsamkeit und den religiösen Aspekt, denn auch ungelöste religiöse Fragen beeinflussen den körperlichen Schmerz.

5. Kontinuität der Fürsorge

Zum einen bedeutet dies, dass der Hospiz-Dienst rund um die Uhr für die Betroffenen erreichbar ist. Denn gerade nachts oder in den frühen Morgenstunden treten Ängste und Schmerzen vermehrt auf. Zum anderen bedeutet es die Begleitung der Angehörigen auch in der Zeit der Trauer, sei es einzeln oder in Gruppen. Oftmals wird die Zeit der Trauer sowohl in ihrer Länge als auch in ihrer Intensität und Gesundheitsbelastung für den Angehörigen unterschätzt. Gerade in einer Trauergruppe, in der sich mehrere Menschen zusammenfinden, die einen nahen Angehörigen verloren haben und die sich regelmäßig trifft, erfährt der Trauernde Solidarität und Unterstützung. Denn oftmals beschäftigt den Trauernden die Frage, ob die eigenen Reaktionen und Gefühle noch ‚normal' sind, und hier erfährt er, dass es anderen genauso geht.

Dies sind die äußeren Kennzeichen der Hospiz-Bewegung.

Mir erscheinen die *‚inneren Kriterien der Hospiz-Bewegung'*, wie ich sie nenne, genauso wichtig. Sie beinhalten einen anderen, bewussteren Umgang mit Sterben und Tod in unserer Gesellschaft:

1. Die Auseinandersetzung mit Sterben und Tod führt mich hin zum Leben

In unserer Gesellschaft verdrängen wir den Tod, in der naiven Hoffnung, dass, wenn wir nicht an ihn denken, er uns auch nicht widerfährt. Wagen wir jedoch, den Gedanken an unsere Endlichkeit in unser Leben hineinzunehmen, so verändert, vertieft sich unser Leben. Unsere eigene Endlichkeit kann Lehrmeister für unser Leben sein, indem wir uns mit folgenden Fragen immer wieder z. B. an Silvester oder am Geburtstag auseinandersetzen: Wenn das mein Leben war, habe ich es gelebt? Was habe ich versäumt? Was verschiebe ich immer auf später, ohne zu wissen, ob ich dann noch leben werde? Was würde ich verändern, wenn ich wüsste, dass ich nur noch ein Jahr zu leben hätte? Was ist wirklich wesentlich angesichts des Todes? Der Gedanke an die eigene Endlichkeit kann dann wie eine Lupe sein, unter der wir unser Leben betrachten und Unwichtiges von Wichtigem unterscheiden lernen. Wenn der Tod dann kommt, haben wir eher das Gefühl, wirklich gelebt zu haben, als nur gelebt worden zu sein, was uns wiederum hilft loszulassen. Der Gedanke an die Endlichkeit ist wie der Blick durch ein Vergrößerungsglas auf unser Leben. Wir erkennen, wie oft wir unser Leben mit dem Satz: „Wenn erst mal ... (die Kinder aus dem Haus sind, ich nicht mehr arbeiten muss, die Ferien, das Wochenende ist) ... dann ..." unser Leben auf später verschieben. Uns wird dann bewusst, wie kostbar die Gegenwart ist und wir werden fähiger, diese bewusster zu leben und uns an ihr zu freuen. Auch unsere Werte verschieben sich: Freundschaften, Stille, Zeit in der Natur, sich freuen wird bedeutsamer, als gute Leistung, Karriere, das neue Auto. Wir richten langsam unser Leben neu aus und fühlen uns von dem, was ist, beschenkt. Tagore sagt hierzu: „Wenn der Tod an deine Tür klopft, was wirst du ihm anbieten? Ich werde ihm das volle Gefäß meines Lebens anbieten. Ich werde ihn nicht mit leeren Händen gehen lassen."

2. Der Tod kommt auf jeden von uns zu und doch bereiten wir uns auf nichts so wenig vor, wie auf den Tod

Wir scheuen uns, über unser eigenes mögliches Sterben nachzudenken und darüber mit anderen zu sprechen. Wir sind dann aber, wenn die Situation eintritt, hilflos und wissen nicht, was der Andere sich gewünscht hätte. Möchte ich z. B. künstlich ernährt oder künstlich beatmet werden? Habe ich eine Patientenverfügung? Welche Texte, Musik möchte ich hören, wenn ich im Koma liege? Wie und wo möchte ich beerdigt werden?... Sprechen wir rechtzeitig mit einem anderen Menschen darüber, so ist es für ihn eine große Hilfe, weil er dann weiß, was wir uns wünschen, auch wenn wir vielleicht nicht mehr reden können. Mit wem möchten Sie darüber reden?

3. Die Zeit des Sterbens ist eine Zeit des Lebens

Sterben ist nicht nur der verlorene Kampf gegen die Krankheit, sondern in dieser Zeit können trotz körperlicher Einschränkungen Freude und Erfüllung erfahren werden, etwa das Hören von Musik, Zeit haben für Gespräche mit Freunden, stille sein mit sich selbst, Lesen, Lebensrückblick, die Suche nach einer tragenden Spiritualität. Für manche erschließen sich auch in dieser Zeit noch ganz neue Erfahrungsräume.

Sterben ist nicht nur eine Zeit des Trauerns, sondern auch eine Zeit, in der gelebt und gelacht wird.

4. Jeder stirbt seinen eigenen Tod

Wir neigen leicht dazu, das Sterben zu bewerten: Das ist ein gutes Sterben und das ein schlechtes Sterben. Damit werden wir aber dem Sterbenden nicht gerecht. So wie jedes Leben einmalig und sehr verschieden ist, so ist auch das Sterben individuell und passt häufig zu dem Leben, was der Mensch geführt hat. Vielleicht passt es für den einen, bis zum Schluss zu kämpfen, weil er immer Kämpfer war und für den Anderen passt es, sich dem Prozess des Sterbens hinzugeben. Jeder stirbt seinen ganz eigenen Tod. Hierzu gehört auch, dass wir als Begleiter nicht wissen, was für den Anderen richtig ist. Wir sind noch nie gestorben, wir wissen es nicht. In der Begleitung geht es vielmehr darum, den Sterbenden zu hören, ihn wahrzunehmen, ihm durch unser Dasein Kraft zu vermitteln, sodass er seinen ganz eigenen Weg gehen kann. Wir begleiten ihn, aber wir führen ihn nicht. Wir haben oft die Erfahrung gemacht, dass es dem sterbenden Menschen leichter fällt, allein zu sterben. Darum ist es wichtig, neben aller Begleitung auch das Alleinsein des Patienten zu schützen.

5. Würdiger Umgang mit dem Verstorbenen

Dieser Bereich ist oft noch ein großes Tabu. Viele von uns haben noch nie einen verstorbenen Menschen gesehen. Wir wissen vom Physischen, wann der Tod eingetreten ist, aber ist dann dieser Prozess wirklich schon abgeschlossen?

In früheren Traditionen war es üblich, den Verstorbenen noch drei Tage aufzubahren und ihn zu begleiten. Ich meine, dass wir in dieser tiefen und stillen Zwiesprache mit dem Verstorbenen sehr viel für unser Leben lernen können. Wir können den Schrecken vor dem Tod verlieren, denn die meisten verstorbenen Menschen sehen, selbst wenn der Tod sehr mühsam war, hinterher wie erlöst und jünger aus. Wenn wir uns aus unserer eigenen Angst befreien, spüren wir, wie oftmals ein tiefer Frieden von dem Verstorbenen ausgeht. Früher gab es das Ritual der Totenmaske, heute könnten wir ein Foto von dem Verstorbenen machen. Ich habe erlebt, wie dies für die Zeit der Trauer eine große Hilfe war.

6. Die Zeit der Trauer als eine Zeit der Heilung

Die Zeit der Trauer ist eine schmerzliche, alles aufwühlende Zeit, die für den Betroffenen quälend und kräftezehrend ist. Und dennoch findet nur durchs Trauern Heilung statt. Trauern heißt nicht nur traurig sein, sondern genauso wütend zu sein, zu klagen und zu rufen, nicht schlafen können, Einsamkeit, abgrundtiefe Verzweiflung. Oftmals brechen Gefühle mit einer Intensität durch, wie wir sie vorher an uns gar nicht gekannt haben. Es ist eine Achterbahn der vielfältigsten Gefühle. Aber nur dadurch kann unser Herz wieder heilen und zum Leben zurückfinden. Trauer ist ein natürliches Empfinden und gehört zum Leben dazu. Sie ist das Bemühen und die Anstrengung der Seele, das Geschehen zu begreifen. Jeder er- und durchlebt den Prozess der Trauer unterschiedlich, es gibt keine Norm, was richtig und was falsch ist. Auch wenn die Zeit der Trauer manchmal endlos erscheint, ist sie eine Zeit der Heilung.

Die Hospiz-Bewegung möchte, dass die Zeit des Sterbens und der Trauer nicht nur eine Zeit der großen Krise und Tragik ist, sondern dass diese Zeit auch zu einer wichtigen Zeit unseres Lebens wird.

Verwaiste Eltern in Deutschland
Bundesstelle
21391 Reppenstedt
Fuhrenweg 3
Tel.: 0 41 31/6 80 32 32
www.veid.de

Bundesarbeitsgemeinschaft Hospiz (BAG Hospiz)
Am Weiherhof 23
52382 Niederzier
Tel.: 0 24 28/80 29 37
www.hospiz.net

Deutsche Gesellschaft für Palliativmedizin
Von Hompeschstr. 2
53123 Bonn
Tel.: 02 28/6 48 13 61
www.dg.palliativmedizin.de

Deutscher Kinderhospizverein
Bahnhofstr. 7
57462 Olpe
Tel.: 0 27 61/96 95 55
www.deutscher-kinderhospizverein.de

Schweizerische Gesellschaft
für Palliative Medizin, Pflege und Begleitung Schweiz
www.med-pall.ch

Dachverband Hospiz Österreich
www.hospiz.at

Dank

Danken möchte ich allen Freiwilligen HelferInnen des Hospiz-Dienstes in Stuttgart sowohl für ihre Mitarbeit, als auch für ihre Bereitschaft, sich immer wieder auf Menschen einzulassen, sich tief berühren zu lassen und so sterbende Menschen auf ihrem Weg zu begleiten. Ohne ihren Einsatz gäbe es diesen Dienst nicht, und ohne sie hätte dieses Buch nicht entstehen können.

Besonders dankbar bin ich Heidi Josefine Baader, Adelheid Bartle, Lis Bickel, Edda Epple, Senta Gamerdinger, Inger Hermann, Hedda Hölz, Gisela Mester, Birgit Reimold, Ingrid Reinhard, Ursula Roller und Edith Spichalsky, dass sie bereit waren, ihre Erfahrungen, die sehr persönlich und manchmal schwer in Worte zu fassen waren, an andere Menschen weiterzugeben.

Danken möchte ich auch Beatrice Ledderboge für das Aufschreiben ihrer Erfahrungen beim Abschied eines nahen Angehörigen.

Antje Drescher aus der Regionalgruppe „Omega – mit dem Sterben leben" in Schwerte, möchte ich für ihre Aufzeichnungen danken.

Danken möchte ich auch allen Angehörigen, die einverstanden waren, dass wir die Erfahrungen veröffentlichen und an andere Menschen weitergeben können. Für viele von ihnen war das Lesen schmerzlich, aber auch schön. In den geschriebenen Texten sind sie ihren Erinnerungen an diese Zeit wieder begegnet und haben in sich Veränderungen wahrnehmen können.

Mein stiller und tiefer Dank geht auch zu all denen, die wir auf ihrem Weg des Sterbens begleiten durften.

Lis Bickel bin ich dankbar für den Austausch und die Unterstützung bei der Zusammenstellung dieses Buches. Die Zeichen am Ende jeder Begleitung stammen von ihr.

Wege durch das Land der Trauer

Ich möchte dich begleiten
Hrsg. von Lis Bickel
Band 5361
Unentbehrlich für alle, die Hoffnung und Trost im letzten Abschied suchen. Eindrucksvolle Texte, wenn es schwer wird, Worte zu finden.

In meinem Herzen die Trauer
Hrsg. von Lis Bickel
Band 5090
Die Begegnung mit der Erfahrung anderer kann in der Trauer helfen. Einfühlsame Texte von H. Hesse, K. Gibran, R. M. Rilke u. a.

Earl A. Grollman/Liliane Juchli
Lass deiner Trauer Flügel wachsen
Band 5099
Ein Buch, das Menschen hilft, ihre Trauer zu verwandeln und neue Lebensenergie zu finden.

Verena Kast
Sich einlassen und loslassen
Band 4888
Den Blick nach vorn richten, eine neue Lebenslust entwickeln: Das sind Chancen, die das Leben auch im Loslassen reicher machen.

Heinrich Pera
Da sein bis zuletzt
Band 5483
Wer Menschen am Ende ihres Lebensweges begleitet braucht die Balance zwischen helfender Nähe und heilender Distanz. Ein bewegendes – und spirituelles Buch.

Sterben, Tod und Trauer
Handbuch für Begleitende
Hg. von Johann-Christoph Student
ca. 256 Seiten, Gebunden mit Schutzumschlag
ISBN 3-451-28343-3
Menschlich leben bis zuletzt: Die Hospizbewegung bietet die Alternativen. Wissen und Erfahrung – dieses Handbuch entstand aus der Praxis für die Praxis. Es informiert über alle wichtigen Themen: von „Abschied“ bis „Zu Hause sterben“.

HERDER spektrum